最忆相城

zui yi xiang cheng

苏州市相城区档案局（馆） 主编

文汇出版社

编委会

序

荆 歌

　　一个人对某个地方的感情，常常是寄托在一些很不起眼，甚至是琐碎的事物上的。比方说，一块糕点、一架钢磨、一座桥、一只小猫、一声蝉唱，乃至某条街道拐角处的一块光滑如镜的石板。这些特殊的符号，像果实的一个坚硬的核心，牢牢地埋在记忆深处。不管是走过了千山万水，还是历尽了风雨沧桑，这个核，始终在记忆中鲜活着。每当夜深人静，或者独自凭栏的时刻，它就会开出温暖的花来。而这朵娇艳之花，虽然柔弱，许多时候，它却是整个人生的一个支撑。它是回忆之源，是精神的胎记，是无法涂改的诗句，是甜美的秘密，是关于自己的人生的密码。

　　不管我们的脚步最终会通往何处，我们都是从故乡出发。我们的心里，那朵记忆之花，不会凋零，不会褪色，永远都不会失去它醉人的芳香。这个故乡，既是物质的，更是精神的。不管我们走得多远，我们的记忆，还是和故乡贴得最近。

　　相城是一个多么美丽的地方啊！这山，这水，这路，这桥，这小河，这老宅，这人，这事，这你，这我，这他……这些真诚的文字，这些男人女人大人小孩心湖里平静而美丽的记忆，闪闪烁烁，点点滴滴，若隐若现，摇曳生姿。那么远，又那么近。它们像一叶水草，飘逸出小河的透明；像一片轻云，擦亮 9 月的蓝天；像一缕新风，吹得夜凉似水；像老屋墙角的冬日阳光，给我们怀抱般的温暖。

以梦为马，捉笔成桨。世界再大，时间再广阔，我们的心，从故乡出发，最终还是要回到故乡。

是为序。

2014 年 7 月

荆歌，生于 1960 年，中国作家协会会员、江苏省作家协会专业作家、苏州市作家协会副主席。出版有长篇小说《枪毙》、《鼠药》等十余部，中短篇小说集《口供》、《牙齿的尊严》等多部，以及收藏文化随笔《文玩杂说》和书法作品集《荆歌写字》。

目　录

最忆旧时光

黄埭味道

黄桥实验小学　薛元荣

黄埭是古镇，至今保留着三里长街。枕河人家，粉墙黛瓦斑驳可见，岁月在屋顶老瓦的旧草中摇曳。街之北，小巷深宅，不知建于民国还是清末，其"银黄埭"之繁华依稀可见。老街的中心是"河渎桥"。小的时候，生产队摇船出来粜谷，其热闹场景让我想起《多收了三五斗》以及《清明上河图》。

河渎桥边，常有镇上人摆一酸梅汤摊，透明玻璃杯上盖一方玻璃，里边是浅褐色的酸梅汤，放在唇边，一股薄荷的清凉味沁入心脾；来不及细细品味，凉凉的、又酸又甜的、在阳光下闪着诱人光色的酸梅汤流进了我的全身心。这是我记忆中最初最可口的饮料。

河渎桥西侧，有家饭店，叫"埭川饭店"。旧址犹在，物是人非，人们津津乐道的是它的"响鳝"；时过境迁，今朝再也做不出昔日的滋味。午饭时分，大人把我领进拥挤的埭溪饭店，大约一角五分钱一份"大众汤"、一碗饭，安顿好我后继续粜谷去了。我等了好久，不见饭菜，怯生生地又不敢问，只是暗自掉泪。服务员大窨，忙免费为我烧了一碗香喷喷、热气腾腾的大众汤。汤好油好油，里边有肺啊肠啊什么的，还漂浮着油渣。我抹了抹眼睛，大口大口地吃饭、喝汤，其鲜美至今还留存在我的舌尖上，此后的美味竟没能抹去那一碗"埭西"大众汤的记忆。

如果摇着船，穿过河浃桥一直向北，一个小时后，到一个叫"永昌"的村子，那里有饥饿的记忆。永昌，黄埭最北的村落，但却有"先有永昌镇后有黄埭街"一说。永昌是个大村，其自然村的门牌有"中巷"、"后桥头"、"牌楼浜"、"大桥头"等，我出生之地名曰"前二房"。童年和少年是在前二房度过的。我家西边，一条河，清澈如许，缓缓向南流淌，弯弯曲曲，流经望不到头的田边野树、炊烟人家，可以一直到黄埭镇。每逢枭谷归来，大人总会带几只苹果，不是干瘪就是有点烂。这是我对苹果的最初见识。从镇到村，邮件和货物的运输工具主要是航船。有一回，街上的店里挤满了村人，店员剪开大麻袋，黑滋滋的大麻袋里滚落出烘干的沾有细盐的蚕豆，散发出阵阵香味。大人说，那叫五香豆。不一会儿，五香豆抢购一空。那是我童年看过、闻过的唯一的一次五香豆。成年后，有钱购买，嗑几粒，硬如石，终不敢领教。

永昌街上有个茶馆，沿河的两间小屋，乌黑的桌椅、乌黑的茶具、乌黑的茶叶，店员的脸也是乌黑的；那里，是早晨最热闹的所在。最令我羡慕的自然是个别老人边喝茶边安然地享用着金灿灿的油条。后来，油条摊随处可见，才有机会感受它的味道。有人说它松软，但我觉得它最大的好处似乎是油渗透到了无处不在的地方。

大约上个世纪80年代末，永昌街上开过一家羊肉店，昏黄的灯光里，店主打盹，鲜有人光顾。永昌人回忆，最好的羊肉是后桥头"杀羊阿三"的羊肉。斯人已去，永昌人似乎觉得未必要挖掘乃至弘扬"杀羊阿三"的羊肉，很多时候，味道是没有基因可以遗传的。

永昌街沿河往北有条石子路，石子路到头、东边一带就是前二房。我家的东邻居有两户人家。一家是每月都领工资的。时不时地发现，邻居的老妈妈端坐在早晨的阳光里，认认真真地夹去猪头上的毛。大约是第二天饭后，总看到一家人的嘴唇汪了一层油，好亮好亮。小时候，我似乎从没享受过这样的美食，即便是随时捕捉的鲜活乱跳的鱼腥虾蟹，农家的灶台上，无甚作料，煮得淡而无味。那时，粗盐似乎不限购，咸菜死咸，一条萝卜干几近于一撮盐。男人蹲在屋前，托着一碗粥，粥里浮着一条萝卜干；嚼一口萝卜干，哗啦啦一下；三四下，舌头卷两下，碗空人起。

紫云英，好美的名字；一大片盛开时，确实也好看。但在我小时候，都俗称它们为"草头"，是猪的食物，也是农田的好肥料。有一回，我家的晚饭是"菜粥"，却有一股草味，咸而涩，难以下咽。至今，看到紫云英，就想起那碗苦涩的草头粥。

可以这么说，离开前二房的直接动机是寻找味道。上个世纪 80 年代中期，我上了一所吃住免费的学校。学校在城市，食堂好大。在那里，我第一次吃到红烧肉。那时，一块红烧肉、一份青菜，两角钱，吃得津津有味，想来也是满嘴油光。但周日回到家，看着桌上家人吃的还是那些没有油水的饭菜，心里很是不安。

三年后，回到黄埭镇工作，一晃二十多年，变成了"老黄埭"。黄埭在变，变是难免的，因为岁月在流动、季节在更替、人事在变换。味道也会变，和其他的文化因子一样，变化是在不经意之间发生的，似变非变，唯有舌尖记得。

黄埭的海棠糕我只看到一个摊点，一般在菜场的南广场一隅。一辆手推车，车上是粗壮的煤炉、和好的面浆、赤豆沙、猪油、糖和油。中年阿姨手持海棠糕模子，熟练地操作着。模子是铁制的，分量不轻，黑乎乎的，看得出年代久远。圆的铁板上环着六个小圆，阿姨把铁板烧热，每个小圆圈里快速地蘸上油，只听嗞嗞作响；手脚麻利地舀面浆于此，舀些赤豆沙，撮点猪油，轻而快地搅拌，盖上焦黑的铁盖子蒸一会儿。约摸熟了，掀开铁盖，铁盖上敷一层糖，手持铁板，翻转于铁板上，只听"嘶嘶"之声，海棠糕出炉于熔化的糖上。黄埭海棠糕两厘米厚，形状、做法朴实得如同乡村农夫，两个三块钱。阿姨说，一个上午、一个人、一个模子，卖不

5

出几个；很吃力，这家什传下来的，舍不得扔。

老黄埭人早上的功课便是去"翁家里"吃碗面。"翁家里"面店最初和黄埭中学门对门，师生盈门，不仅是地利之便，主要还是"童叟无欺"的经营之道。"童叟无欺"，道理很老，却那么的新。据传，"翁家里"最出名的是焖肉面。焖肉置于碗底，面熟捞起盛于碗里；顾客搅拌几下，焖肉肥的部分已化作油水，面里只剩肉皮一条、瘦肉几缕。"翁家里"的创始人老翁端坐在老而旧的桌后，你付完钱，老翁边朝里边一指，边喊："爆鱼一碗"，"再来一碗焖肉"。后来，"翁家里"换了新地方，新地还是旧貌，还是顾客盈门。年长的依旧，年轻的带着孩子开启"黄埭老味道"的启蒙。

其实，老黄埭人念念不忘的却是河渎桥东边的"周记点心店"，里边的包子、馄饨、面的滋味以及清晨的热闹，让他们回味无穷。如今，"老周记"旧址还在，已不再是点心店，当然，已无处寻觅昔日的喧哗。在方桥南侧，有一家"老汤糕团店"，小小的糯米肉团子可以一尝，让我想起好多年前鲜美的记忆。老汤还订做大盘的黄松糕，办喜事时用的。味道还如我小时候一样的不敢恭维，当食物作为仪式的一个道具时，味道如何已是次要的了。

黄埭镇上老字号的卤菜分店不少，但下班后买些"相记熟菜"回家，似乎还是大多数黄埭人的习惯，特别是节假日，有点供不应求的样子。"相记熟菜"有大约三十年的历史了，开始是以"酱鸭"出名，但其实它的"咸水鹅"、"叉烧"、"爆鱼"、"凤爪"、"咸鸡"、"葱油鸡"等买的人也很多，大约确乎抓住了黄埭人的胃。

平时随意吃点客饭，黄埭人最经常的去处要数"埭川小黄"了。"小黄"已不小，是埭川饭店的学徒，其家常饭菜近于我们厨房的滋味。到"埭川小黄"吃客饭要赶早，晚了，往往遗憾而回。农家客厅、农家桌椅，有滋有味地吃上一顿简简单单的午饭，颇有多年前自己家的感觉。我最喜欢

"埭川小黄"的农家大蛋饺和面肉。蛋饺状如碗，大约是直接放在大碗里蒸的；面肉是一大块蒸熟后切成片盛在碗里，酱紫色，渗着油，令人垂涎欲滴。

倘若随意小酌，不妨光顾"永昌大酒店"——不仅因为永昌是我的老家，也不仅因为主人是小时候的两家东邻居中的另一家，男主人叫林根，女主人叫水英。农村夏夜，端着碗串门吃饭、聊天，那是村人的乐趣之一。林根当过兵，高个，据说在部队打过篮球，还会烧菜。"永昌大酒店"是最近十年间的事。说是"大酒店"，其实就是座两上两下的农家楼房。村里招待客人，几个朋友在村里小聚，一般就在"永昌大酒店"。永昌靠近漕湖，说是能吃到漕湖水产，一传十，十传百，镇上的人纷纷北上，一路乡野之风、乡野之绿，远离小镇的喧嚣，走进农家，念想昔日的生活。

对于我，"永昌大酒店"还是一种乡音。前二房、永昌街拆迁，邻居各奔东西；"永昌大酒店"搬移，居然也来了个"华丽"转身，新店名曰"漕湖人家"，据说，倘不赶早预订，就没有座位了。有一回，和朋友前往"漕湖人家"，直奔二楼，林根看了我一眼："来哉。"其声音、神态，仿佛昨天他还端着碗站在我的老家屋檐下——在他看来，我也没有走远。菜肴，依然是我的老家——永昌味道。下楼离开之际，门前几名妇女围着大木盆洗碗碟。其中一名抬头，吃了一惊："元荣哇！"她就是水英。小时候，她这么叫我；现在，她还是这么唤我。好亲切好亲切的儿时乡音呀！

味道是会变化的。人们在追求味道的同时，也开始注重环境。土生土长的"新浦东大酒店"和"新黄埭大酒店"以价廉物美深受黄埭人的厚爱。黄埭味道，是他们的根；他们眼光放远，以开放的姿态引进更多的味道。因为，在黄埭镇，总能听到外乡人的声音、尝到异地的味道。黄埭镇大了，黄埭镇也小了。有一种东西在悄然变化，它的名字叫味道。

（此文获"记忆中的相城"征文比赛成人组一等奖）

飘香的海棠糕

北桥中学　尤阿俊

记忆深处，我最难忘的是那香飘四溢的海棠糕。

相城区北桥街道位于苏州、无锡、常熟三市交界处。北桥老街依河的北岸而建，东西走向。四十多年前，老街的东面有一座南北向的石拱桥。从老街望桥，如白龙卧波，在阳光下熠熠生辉；每当月圆之夜，皎洁的月光泻在静静的河面，温柔得像情人在絮语，半圆的拱门和河面的倒影，又相映成一个好大的月亮；汛期来临，洪水从拱门奔腾而下，湍急的河水形成了许多险滩，即使是熟谙水性的老船工也不敢逆水而行。

石拱桥的东桥堍有两间朝北的门面，那时沿河的门面一般都是私房，里屋住人，外屋做小买卖。张大海的家就在这里，他开的海棠糕店也在这里。张大海在北桥老街上可是一个响当当的人物，他就是金字招牌，他做的海棠糕闻名遐迩。每天从早到晚，在他的店前，都排着长长的队，等候新出炉的海棠糕。张大海五十多岁，身材魁梧。店里除了他，还有几个帮手。他把一圆形的铁板放在烧得很旺的炉子上，铁板有十个模子，快速地用菜油抹一遍，再用勺子在模子里均匀地放上与水和好的面粉，在面粉上拌上半勺加工好的豆沙，在炉上晃动烧匀，熟后放在边上。又用一平的铁板放炉上，上面匀撒糖和红绿丝，等糖烧熔，把刚才烧好的，平压在炉上的铁板上，海棠糕在铁板上不断转动。他手法轻盈，动作娴熟，一气呵成。即使是在旁边观看，也是一种很美的享受。

刚出炉的海棠糕，发出"滋滋滋"的声响，热气腾腾，色泽温润，有琥珀般的深沉，光滑透亮，犹如少女的肌肤，清香扑面而来，让人如梦如醉，也勾起了我阵阵食欲。每次出炉，总有一群孩童围着喊："张大海，海棠糕；海棠糕，张大海。"张大海笑眯眯地说："不急不急，一分一个，老少不欺。"我当时虽已饥肠辘辘，唾津肆溢，但我囊空如洗，只能强咬一下嘴唇，依依离开。我闲逛于狭窄街道两旁的摊贩间，穿梭在各家商店的柜台边，那时海棠糕是我唯一盼望的，是我向往的最大奢侈，是我童年的梦想。

就在那年的深秋，天气逐渐凉了。一天下午，我从外面回到家里，看见桌上放着还冒着热气的海棠糕，原来那天父亲去街上籴粮，特意买来给我吃的。我情不自禁地用双手捧着，慢慢欣赏，真有点舍不得吃。我先把糕的周边咬下，细细嚼，慢慢咽，脆而香；再一大口，甜而滑，肥而软，豆沙的清香和素油的酥香随着热气一起沁入心肺，真是天下美味。我不断地嚼，不断地嚼，嚼有尽而味无穷。海棠糕是童年的我最牵挂、最回味的。

2009 年国庆节，有位阔别三十年的同学回到苏州，他向我提出一个要求，要吃海棠糕。经多方打听，苏州山塘街有海棠糕卖，于是驱车前往。问了几个讯，转了几个弯，终于到了卖海棠糕的店。只见玻璃柜上放着十来个已经做好的海棠糕，还是那琥珀色，有点干皱，如老妪。买几个品尝一下，有点凉，干巴巴的，嚼在口中，索然无味。同学问我："北桥还有海棠糕吗？"这个问题把我难住了。虽然一直在北桥生活工作，但平时因为忙于生计，无暇顾及，我真的不知道啊。我尴尬地说："我去问问。"同学又说这些年在外打拼，事业有成，生活富裕，就是心里一直惦记着小时候吃海棠糕的情景，海棠糕是他的最大牵挂。海棠糕，承载了我童年的情愫和梦想，勾起了我甜甜的回忆，似乎也闻到了它的缕缕清香……

我走遍了北桥的大街小巷，终于在菜场门口发现了一个做海棠糕的老人。初春的凉风吹来，老人连打了几个寒颤。他五短身材，略显肥胖，目光平和，动作稍迟钝，一丝不苟地在烧制海棠糕，他做得这样仔细专注。我迫不及待地买了两个，虽然没有了童年时的神韵，但它依然那么甜、那么香。一攀谈，才知道，他就是张大海的女婿，张大海早已去世，他继承了张大海的衣钵。老人七十多岁，乐观健康，衣食无忧，做了几十年的海棠糕，如果不做，总觉得失去了什么，海棠糕就是他的精神寄托。他还说总有一天他会做不动，总有一天他会走，最揪心的是小辈没有一个想继承这份手艺，后继无人，最痛心的是祖传的手艺在他手上……看着老人黯然的神色，听着老人哽咽的话语，我陷入了沉思。

从此，每当我从菜场经过，我一定要买几个海棠糕，再与老人聊上几句，借此重温童年的美好记忆，更是表达对这位"堂吉诃德式"老人的敬意。我希望海棠糕不再只是我、我的同学和这位老人的牵挂，希望它成为全北桥人、全体相城人、全苏州人的牵挂。

放学了，看见一群小孩子正围着老人，口里喊着"海棠糕，海棠糕"，我的心头又漾起了海棠糕的醇香……

（此文获"记忆中的相城"征文比赛成人组二等奖）

北街往事

黄桥街道党政办　戴一舟

与相城的缘分可以追溯到很久以前。父亲是黄埭人，母亲是石桥人，工作后安家定居在陆慕，我的童年便在这座小镇上度过。"陆慕"原为"陆墓"，相传因唐朝宰相陆贽墓在此而得名，后来改为"陆慕"，应是带着"让陆墓成为令人羡慕之地"的憧憬和希冀吧。陆慕老街沿元和塘分成上塘、下塘，上世纪70年代，又建成了南街、中街、北街。我的家，就在上塘那条古老悠长的北街上。

小时候，我们一群小毛孩整日在街上窜。北街很窄，三人并排走就占据了大半空间，却很悠长，曲曲折折，望不到它的尽头。街上有许多蕴含苏州古典文化的老宅子，古旧、斑驳、沧桑。北街背倚着一条清澈、干净的小河，在这里，你可以体味到"人家尽枕河"的美景；地上是那种卡满青苔的凹凸不平的石子路，踩上去，怀着童年满心的喜悦，亲切的思潮漾满心际。

那时候，天总是很蓝，日子总过得很慢。最忆是夏日清晨，北街在霞光中苏醒，天刚刚享受了夜的静谧，赋予空气那种清新爽快的活力。风凉凉的，把老伯们刚生好的煤炉的烟吹散了，淡淡的，为北街笼上了一层朦胧的色彩。

11

　　五六点钟，北街上开始热闹了。左邻右舍的老太太挽着小菜篮，互相问候："张阿姨，你去买小菜啦？"偶尔有自行车清脆的铃声飘过耳际，带着明快的节奏，回荡在北街上空，成了那个年代特有的旋律。

　　原是一些小吃摊吆喝过来："阿要买腌金花菜，咸笃笃，甜咪咪，好吃是好吃得勒……"一分钱一撮腌金花菜，摊在小手心上，撒上干草粉，啧啧，一叼一叼地吮，滋味真的是好极了。随后，老伯又唱起了歌谣："笃笃笃，卖糖粥，啥人哭，我来捉……"他打开前锅盖，舀出一勺白粥，倒在碗里，再从后锅中舀出几粒红得发紫的赤豆，浇在白粥里，再撒上金黄的桂花……我们闭着眼"呼噜呼噜"地往肚里灌，直喝得碗底朝天仍要翻来覆去地舔个干净才罢休。那种味儿那么甜、那么纯，永远地留在我心里，久久回味。

　　许多年以后的今天，当夏日早起的时候，盛满一碗粥，习惯于舀上一勺糖，可总觉得少了些什么，总觉得，那味道，已不再是先前的那种。

　　那时候还没有空调，太阳落山暑气稍退后，居民们都把藤椅、小板凳搬到街上。夜晚小菜繁多，有传统菜毛豆子炒萝卜干、螺蛳、咸鸭蛋……老伯们总爱咪最便宜的加饭酒。我们一群小孩子，围着他们，他们便用筷子蘸一点酒，触到我们的舌头上，凉凉的、醇醇的，感觉好极了。

　　就在这时，穿堂风带着苏州的空气从北街穿堂而过。它呼呼地吹，凉快得像一桶水灌入心底。老伯们不说话，看着满天星斗，只管咪老酒，再把萝卜干嚼得"滋滋"的响。

我们沿着北街躲猫猫，河滩边、丝瓜藤下……"倏"地一下，就窜到不知道哪里去了，还得老好婆们嚷嚷"当心点，小子孙，河滩边不要去……"那时候蚊子特别多，也分不清公的母的就济济地聚在一起，看过去就是一个个黑色的大球，赶都赶不走，一伸手过去抓个三五只不成问题。我们就比赛抓蚊子，虽然经常弄得双手通红，却仍旧乐此不疲。

玩累了，我们便躺在竹榻上睡觉，凉笃笃的。只感到穿堂风吹过肚脐眼，把蒲扇吹落在地；只感觉到屋面上的瓦片仿佛在跳舞，发出"悉悉索索"的响声，伴着这样的声音，我们沉沉睡去，睡到醒来后只听到"天夜哉，转去吧，明朝再来乘风凉"，"转吧，转吧，明朝再来乘风凉"，老人们一边搬凳子，一边用一口纯正的吴侬软语念叨着。

"扑！"有人敲碎了一个咸鸭蛋——风凉笃笃，螺蛳嗦嗦，咸鸭蛋剥剥。一个夏天，就这样慢慢地剥过去了。只是剥过去了，就再也回不来了。

不久我们家到镇上买了商品房，我离开了北街，告别了童年。后来读完小学、初中，到木渎中学继续求学。高中三年，回来的次数屈指可数，就更别提回到北街看看了。心里也常常牵挂，那些老街上的小石子路有没有被磨得更光滑，沿河的老房子经过岁月的洗礼有没有变得更古旧，童年一同乘风凉的小伙伴现在还好不好。但终究碍于琐事，竟一次都没回去过。

时代的发展带来社会的变迁，新世纪伊始，陆慕镇建制撤销，与蠡口合并成了元和镇，后来又改为元和街道。

一转眼，短短廿载如过眼云烟。一次偶然的机会，再次回到北街，看到那昔日充满魅力的北街呈现出"老态龙钟"的景象，电线外露，墙面斑驳，雨篷、空调架、排气管使这里尤显凌乱，经过岁月的洗礼，上百年的老房子也是破败不堪，甚至成了危房。这些，与不远处拔地而起的高楼，与新拓的马路上来来往往的现代轿车显得那么格格不入。回想起往昔的北街，有老伯的煤炉烟，有穿堂风的呼呼声，有一群小孩银铃般的笑声，心里酸酸的。时代的发展似乎太过于迅猛，来不及听一听历史的呼声，等一等传统的脚步，我想这老北街终究将难逃被拆迁的命运了吧，未来我们的孩子，也许只能从书本上体味"粉墙黛瓦石板路"的江南老街风采了。

不久前听闻陆慕老街及拥有六百年历史的御窑遗址将进行保护性改造，要恢复陆慕北街风情，届时，北街将再现从前的风韵，与已经修复好的文徵明墓、御窑遗址串连成文化旅游片区，展示相城厚重的人文底蕴。是啊，千百年来，淘汰了多少东西才留下它们，无论岁月如何老去，它们依旧应该矗立在我们生命里的某个角落，成为一种伟岸的风景。

（此文获"记忆中的相城"征文比赛成人组二等奖）

相城记忆

陆慕实验小学　徐艳

　　"明月别枝惊鹊，清风半夜鸣蝉。稻花香里说丰年，听取蛙声一片。"每每读罢辛弃疾的词句，眼前就会浮现那久远而又难以忘怀的童年以及那片充满生机的土地。假使有人问我，到现在为止的人生中有什么值得骄傲的事情，我想我会毫不思索地回答："我有一个关于乡村的、鲜活的、快乐的童年。"童年的我生活在相城的乡下，那时候，乡村也是相城最普遍的形态吧。对于一个土生土长的相城人，要说说这片生我养我的土地，实在有太多太多的话难以说尽。在十几年前，相城还不叫相城的时候，它的名字是吴县。说到"吴"这个字，总能牵扯出一连串古老而绵长的历史和典故，可我对这片土地的记忆也即是有关家的记忆，更多的是被牢牢锁定在那些生活的细枝末节上，在匆匆流逝的岁月中，在悠悠长长的光景里。比起历史典故、文人墨客，这些似乎更能让人产生亲近而熨帖的心绪。

　　相城是水乡，这里先有水，然后才有城。我读过许多描写水乡的散文，那些把水乡描写成世外桃源、人间仙境的散文早已经把水乡的美景描绘得淋漓尽致，我又何须赘言。我只想以我曾经作为水乡孩子的视角，回忆曾经水乡生活的独特和美好。跟所有江南水乡的村子一样，我们的村庄依水而建，村民临水而居。大人也好，孩子也好，最离不开的就是水了。家家

15

户户门前都有河滩，平日里妈妈和奶奶们都在河滩上洗衣洗菜，还能与隔壁或者河对岸的相邻隔着河水拉拉家常，孩子还会在旁边逗一逗水中的鱼儿。相城的水路四通八达，船是我们的主要交通工具之一，家家门前都停靠着一条小船，可以去到任何一个邻村或市镇。记得小时候我经常坐着这样的小船，奶奶摇着橹，去到姑姑家，一呆就是一整天。夏日里的荷花开了，满池荡漾，沁人心脾。小伙伴采来一朵插在自家的瓶子里，点缀出一屋的清香。最喜欢的还是秋天，红菱熟了，莲藕白了。记得我坐在奶奶的菱桶里，飘在池水中央，在水中采了满满一大篮的红菱，清甜的味道至今无法忘怀。夕阳西下时，霞光映红了天边，河面上波光凌凌，幼时的我常常不明所以地以为河面上飘起了亮晶晶的金子。这个时候的爷爷，正摇着他的小船去倒他的虾笼，总是在太阳下山之前满载而归，小船里装满了各种小鱼小虾和螃蟹，晚上又有一顿美餐了。夜幕四合，在河里自由嬉水玩耍了一天的鸭子也该回家了，在主人的呼唤声中，成群结队地回到了自己的窝。

相城的人朴实而勤劳。每当清晨，伴随着鸡鸣和薄暮，左邻右里就早早地起床了，喂鸡喂鸭喂猪，洗衣煮饭，或者再去收拾一下田地。田间地头常常看到人们忙碌的身影，锄草、育苗、插秧、耕田、抽水。孩子们最爱的当然是春天，整个天地间都是一副生机勃勃的气象，到处是泥土的清香。一大片一大片的油菜花形成了黄色的海，我们跑进花海里，立刻淹没了身影，任黄色的花粉掉落在头发上、衣服上、脸蛋上，依然笑得灿烂如花。收割的季节是最繁忙的。大人们不仅要把田里的庄稼收割起来，还要自己把稻穗轧成一粒粒的稻子。于是家家户户的门前又忙开了，机器架上了，柴草堆成了小山。大人们全副武装，加班加点地干起活来。而孩子们又到了最开心的时候，在各家各户的柴草堆里面钻来钻去，玩起了躲猫猫。玩累了就回家睡觉，在轰隆隆的轧稻机声中也能安心地入睡。

最热闹的要数村里有人办婚宴了。流水席一办就是三天，整个村子的乡里乡亲都能来吃，热情好客的主人会提前准备好足量的饭菜，后厨忙着鸡鸭鱼肉煎炒爆熬，远亲近邻一起帮忙，你搬桌子我搬椅子，你洗碗筷我端菜盘。一家人的喜宴往往是一村人的节日，大家随意落座，亲朋、邻里相聚在一起，聊聊天打打牌，好不快活！

最惬意的应该是夏夜吧。没有霓虹，没有喧嚣，月亮和星星是那样地亲近乡村和乡村的人们。月光清淡，月色柔和，漫天的繁星或明或暗，闪闪烁烁，似乎一只只调皮的眼睛注视着大地和人间，甚至各家的灶台上都洒满了银白的亮光，而且总是那么地明亮和温和。吃罢晚饭，凉风习习，在村口的大树下，人们聚集到一起，或站或坐，纳凉闲谈，天南海北，古往今来。小河边、树丛里，萤火虫也活跃了起来，点点荧光如微小的星辰，却又如此灵动地到处纷飞。孩子们奔跑追赶，嘻嘻哈哈，捉到了装在瓶子里，仿佛捧着一个心爱的宝物。入夜以后，一切归于宁静，人们陆陆续续进入了梦乡，只有田间那些不知疲倦的青蛙，依然在此起彼伏地歌颂着丰盛的夏天。

这些都是十几年前的事了，仿佛近在眼前，却又十分遥远。漫步于林立的高楼间，行走于宽阔的马路上，看着川流不息的车辆和人群，脚踏的是祖祖辈辈们生活过的同一片土地，头顶的是同一片蓝天，童年的我又何曾会知道，十几年后的相城完全是一个截然不同的模样呢？老家的房子好几年前就被拆掉了，现在变成了一个高铁站，稻田、池塘、小河都早已不复存在。曾经的乡里乡亲早已住进了现代化的公寓，再没有小船作为交通工具了，家家户户都拥有了自己的汽车，只是大家聚在一起的时间越来越少了。但我相信曾经的乡村记忆，任谁也不会丢弃，每当想起，在忙碌的生活中总能有所慰藉。曾经的漫天星辰早已隐去了它们的光辉，难觅踪影，取而代之的是地上的灯火越发明亮，摇曳生姿，恰如繁星坠入了人间。我不能说从前的生活一定比现在好，也不能说现在的生活一定比从前好，就像一个人的人生，总会经历各种不同的阶段，但我爱她的过去、现在和未来，因为她是我的家，是承载所有相城人心灵的归属。

（此文获"记忆中的相城"征文比赛成人组三等奖）

下庄的那些事儿……

黄桥实验小学　沈利民

下庄，地处黄埭、浒关、黄桥三镇交界，辖下庄、小溇浜、旺家桥、上庄、西浜五个自然村。这里三面临水，地势平坦，河荡密布，土地肥沃。世世代代的下庄人就在这片神奇的土地上生息繁衍，上演着一幕幕精彩的活剧，留下了一串串奋斗的足迹。

小钢磨　小机房　小包围

很小的时候，常常听大人碰照面时间："俫掮子袋米，啊是要到钢磨嘟去啊？"显然，每人都把"钢磨"当成一处地名了。长大以后才知道，小钢磨是用来磨米粉的机器。把机器名称当成处所名来唤，也算是乡音吧，听起来特别地亲切。

小钢磨是专门为全大队人家碾米、牵磨、轧柴糠而建的加工厂。它位于大队的最北边，共有三间房子，全是泥打墙，油毛毡的屋顶。西面的两间还是柴草遮盖着的。正中朝南的一间比较像样，地也平整得很。对着大门放着一台高高的钢磨，钢磨装在坚固的木台上，最上面是一只大的铁漏斗。木台底下是一台大的马达，又宽又厚的传动皮带转动起来粗而有力，有节奏地发出"啪啪"的响声。操作台下有两个向下的出口。依稀记得，若是牵米粉就要把干净的口袋张在这个出口上；如是用小麦牵面粉则要把袋子张到朝东的出口上。东面的一间是生活用房，里面砌着双眼灶，还有一只大水缸。谁要是渴了，到里面喝上几口水是没人会说的。再往里就是"阿小"困觉的铺了。朝西的两间要简单得多，那是专门用来轧柴糠、加工猪饲料的。南面的一间是工作间，一根摇摇晃晃的空管伸到里间，下面是一只大大的布袋。每次开动机器前，管机器的"阿福"老头就会把这只袋子口卷好、落地，对着我们这些小孩子吆喝着"走开，到里面去"，才推上电闸。"呜——"，机器开动，那个白袋子顿时鼓了起来，像只巨大的企鹅，一颤一颤的。一会儿，一担担稻柴全都变成了糠，空气中弥漫着烟尘和稻草香味，虽然灰尘迷蒙，但闻上去绝对是清香。

碾米、轧糠都是大人们的事。我们跟着去的小孩子们要做的无非是张张袋、搭搭手。这时，趁大人忙搬运的时候，我们总喜欢站到磅秤上称称自己有多重，或是抓起墙角墨汁瓶里的那支破毛笔在仅有的一堵粉刷了的墙上信手涂鸦。直到被在轰鸣的机器声中忙碌着的"阿小"发现了，才逃到屋后菜花地旁的后墙上"沏嗡嗡虫"去了。

阿小是个小眯小眼的半老头，头戴一顶垂到肩的大帽子，活像一名日本兵。他干起活来麻利得很，常常不用"克劳"就直接把一袋米倒进漏斗里了。然后，脚踩在机器上，手握控制把柄，不时从墙上取下像炮仗一样的东西伸到转动的皮带上去（上蜡），引得我十分地好奇。阿小特别喜欢惹小孩子，还说得一口上海话，据说是从上海下放到乡下来的。

小钢磨后边有一座砖红色的建筑，是造在旁边的河浜上的。边上有两间小房子，也是清水墙砌成的，很少有人。在它们的中间还有一只架在两根电线杆上的蓝色设备，后来才知道那是一台变压器。其实，这里是一座机电排灌站。据说，这还是经过国务院备案的。因为下庄地势低，一到汛期就会发生水灾。听上一辈的人说，1953年的那场大水船可以系到自家的门桴子上，灶膛里可以捉到鱼呢！于是，大家就想办法，在下庄的四周筑起了高大的堤坝，堤岸沿着东挺河、南挺河、西挺河，一直到瘫船头为止。每到发大水时，就关上东挺、西挺、瘫船头的闸门，形成一个“小包围”。这时，这座小机房就日夜排水，为保障百姓的生命财产安全提供了有力的保障。后来，在黄桥乡政府的统一规划下，建成了黄桥乡范围内的防洪大堤，也就是后来的“大包围”。这时，小机房东面又增加了一台机器，排水量翻了一倍。就是这个排灌站在西塘湖防汛工程竣工之前，一直肩负着全黄桥的防洪抗灾的重任。这座清水墙砌成的排灌站，这些水闸至今还在。

机耕路　两用沟　新开河

上世纪 70 年代初，在轰轰烈烈的“农业学大寨”的口号声中，当时大队书记沈钰兴带领全大队干部社员修水渠、兴水利，充分利用这座机电排灌站的排水、给水能力，筑成了纵贯南北的水利灌溉网和机耕路，为全大队的农业发展奠定了坚实的基础。这条主渠道从小机房出发，经上庄、旺家桥、下庄，南至西挺河和南挺河交汇处的红庙脚头，北至十一队的西浜。主渠边上种满了整齐的杨柳树，边上有一条“两用沟”。种植水稻时，主渠中放下来的水经这条沟输送到每块田里。到了冬春季节，田里种的是小麦。要是雨水多的话，这条沟又可以用来排水了。又长又宽的水渠是我们小孩子割草时游玩的好地方。抓来一条蛇，用镰刀打死后便找来一块碎瓷片，给它来个抽筋剥皮不算数，还把通往两用沟的水泥闸门当灶膛，点上一把火，直到把蛇烤焦了才离开。

然而，在“以粮为纲，农林牧副渔全面发展”的方针的指引下，勤劳的下庄人并不满足于此，而是千方百计地“减少花边田，扩大十边田”，以此来实现农业产量的大增收。

新开河，就是现在梅花园里已拆迁掉的"十家村"前面的一片大水塘。谁能想到，就是这样的一片开阔的水塘，四十年前居然被改造成了一块块方格式的粮田。依稀记得宽阔的外围堤坝上悬挂着巨幅标语的指挥台，电线杆上高音喇叭里及时播送的"双抢战报"，还有塘底下那热火朝天的劳动场面……全大队社员齐心协力、众志成城，硬是填塘变田，把这片低洼地改造成了万顷良田。为了灌溉农田，还特地建了泵站，并在中间修了横贯东西、纵贯南北的两条水渠。这儿也成了我们小孩子掏鸟窝、捉青蛙的好去处。

拆布头 糊硬衬 扎拖把

"没脱圩田勿用愁，只要糊衬拆布头"是在下庄广为流传的一句话。只要不是农忙季节，每家每户照得到太阳的地方都贴满了一张张的硬衬。有的直接贴在自家门前的水泥场上；有的贴到了弄堂两侧的墙上；还有的在场上搁几条长凳，支上几块衬板，把衬对着太阳晒。晒干了，收起来；再贴上去，再收起来……弯着腰在地上贴着衬的是东家水灵灵的大姐姐，站在"糊衬台"旁糊着衬的是西家大嫂，还有端坐在"糊衬台"旁不停地拆着布头的肯定是当母亲的了。贴衬的、糊衬的、拆布头的……女人们隔着山墙不时地聊着天、哼着歌，议论着昨晚又是哪一家最晚关灯的……

晚饭过后，安顿好自家的孩子，家家户户又开始了"做夜作"。一家人全都在"大前头"忙碌起来了。父亲忙着整理白天糊的硬衬，每五十张一捆，数的时候还要一张张地检查，遇到不合格的还会拿出粉笔在有气泡的地方画个圈，待第二天用拆刀划破后，排出空气用浆重新糊好、晒干后才合格。母亲呢，则坐在灯下剪布头，把白天拆好的布头一块块地修剪整齐，为第二天的工作作准备。

糊硬衬是下庄的传统副业，就是把从收购站买回来的破旧衣服用拆刀拆开，修剪齐整后，用面粉捣成的糨糊糊起来。衬的尺寸大多按市制来计算，有二尺二的、有一尺六的等。为了保证糊出来的衬一样大小，每家每户的糊衬台上还贴着不同的衬样。有的人家索性用锯在衬台上刻上了永久的衬样。衬的层数也有很多种，有两层头、三层头和四层头的。另外，不同的厂家对糊衬布的颜色、料作也有不同的要求。

还是在解放前，下庄就有了糊衬、卖衬的人。到了上世纪50年代后期，下庄大队还开办了糊衬厂，有专门的采购到上海、苏州、无锡等地采购原料，推销硬衬，并形成了相当的气候。生产的硬衬大多被用来做鞋子、帽鸭舌等。由此，业务不断扩展，不仅糊衬，还糊起了"荷包片"。到了60年代，大队所辖的十一个生产队都以糊衬、糊"荷包片"为副业，各自经营。当时，还被视作资本主义尾巴的典型而处处遭受查处。下庄人只好起大早，摸黄昏，偷偷做点副业，贴补家用。到了1973年，大队在布衬厂的基础上，先后开出了印刷厂、鞋垫厂和皮塑制品厂，其业务都与硬衬相关联。至今，还记得读小学时的劳动课上，还为大队的印刷厂粘过"上海立新制帽厂"的商标呢！

到了80年代中期，改革开放的政策唤起了人们的劳动积极性。随着家庭联产责任制的推行，不少村里人在农耕之余，拎起皮包，走进城市，自主经营起了硬衬、揩布、拖把等业务，并由此完成了原始的资本积累，开出了一家家民营企业，走上了共同富裕的道路。

"昼出耘田夜绩麻，村庄儿女各当家"，如今，每每读起范成大的《夏日田园杂兴》时，总有一种身同感受的感觉，眼前便会浮现出儿时所见的那一派昼耕夜织的田园风情来。

下庄港　下庄村　下庄桥

　　"小桥流水人家"，那是江南水乡特有的风情。可是生在河边、长在河边的我却从来没有感觉到它的魅力。渴了，喝几口河水；热了，跑到河滩上泡在水里……一切就像与生俱来似的，没啥感觉。几年前，从宁夏旅游回来就感慨生长在水乡真是幸福啊。直到去年拆迁后，远离了故乡的我似乎对屋后的那条小河更是回味、钟情起来了。可以说，这样的情愫与日俱增，让我不得不通过键盘来记录下儿时的那条河、那座桥。

　　河是下庄港，两岸聚集着两个村子。河南是一、二生产队，河北是三、四生产队。据说河南、河北之间最早时是靠渡船来往的，后来才有了桥。我刚懂事那会儿，这儿还是一座木头桥。桥面上一块一块的木板之间还有大的间距，那时还不敢单独过桥去外婆家。直到上世纪70年代初，才把它改建成了结实的水泥桥。后来，因水位升高，又把桥墩加高了，才有了现在的这座桥。关于这座桥，还有一段许多人都不愿提起的痛心往事。

　　刚解放的时候，现在的生田村，也就是原来的下庄、生田、金山三个村还属于渔耕乡。渔耕乡成立之初，翻身当家后的农民积极性高涨，"地、富、反、坏、右"受到了不同程度的打击。为了体现新社会的优越性，渔耕乡党委决定修这座桥。可是，当时的乡村经济哪有财力修桥呢？年强气盛的班子成员想到了从村上的几户地主、富农家庭去募集钱财。也许是因为方式、方法不对，最后桥是造好了，却触犯了法律，当事人被告上法庭，并被法办。因为当事人均为村里人，人们也不愿意多提这件事。如今，六十多年过去了，桥依然默默地为人们提供着方便。只是随着时间的推移，这件事淡出了人们的视野。

茶余饭后，人们回忆更多的是围绕这座桥发生的童年趣事。

沧海桑田，云舒云卷。当年的田野、河浜已经成为了令人驻足忘返的"梅花园"，当年枕河而居的村庄现在已是尘土飞扬、热火朝天的工地。离开了生于斯、长于斯的故土，我暗自庆幸还有这样一份清新、纯朴的美好回忆。水也好，桥也罢，每个人的生活都只能是特定时空的组合。只要人在、心在，又何必担心记忆中的下庄而不会与你"共婵娟"呢？

（此文获"记忆中的相城"征文比赛成人组三等奖）

细数阳澄事

御窑小学　袁园

古往今来，多少文人雅士提笔留墨与相城有关的诗词佳句，岁月愈久，情感愈浓。读的多了，不免思绪万千。约翰·布莱德利说过："真正珍惜过去的人，不会悲叹旧日美好时光的逝去，因为珍藏于记忆中的时光永远不会流逝。"于我亦如此。作为土生土长的相城人，阳澄湖边有我的依恋，在那里，我熟知过去、感受现在、展望未来，而我要写的也是与她有关的又发生在身边的那一幕幕鲜活的人、事、物……

一

我出生于乡村田野，河塘边、黄土地，每一个地方都是纯天然的欢乐场。春季里，成畦成片的油菜花扮作一道天然的屏障，成为了我与孩提时玩伴的游乐场。足有一米多高的油菜花田，密密麻麻地紧挨着，只听得清脆欢快的追逐声响，却难以找寻早已淹没在花海丛中的小伙伴的身影。在我看来，油菜花的花形并不美，单独的一花一朵并没什么可看，只是到了花季，大有"忽如一夜春风来，千树万树梨花开"的态势。金黄色迅速蔓延开来，村庄房屋完美地融入其中，一望无际直到天地交接处，乍一看，竟是这般养眼。如今，去乡下看油菜花已俨然成了春天的时尚。油菜花，这个生命力极强的十字花科植物以铺天盖地之势，成为了春天的"王者之花"。相城阳澄湖旅游度假区"美人腿"和莲花岛地区目前仍保留一千多亩油菜花，是苏州近郊难得的赏油菜花的好地方。每年3月中下旬进入初花期，4月上中旬是盛花期，整个花期延续到4月中下旬。若你心生向往，不妨前往一试。农田、池边甚至家前屋后，都可闻到油菜花的清香。这是乡民耕耘生活发自内心的纯真笑靥，更是乡村进化的自然景色。

二

"摇啊摇，摇到外婆桥"，童谣朗朗上口，确也唱出了早年乡镇地区使用最频繁的交通工具——船在人们生活中的依赖性。与阳澄湖毗邻，枕河而居的生活，使得船成为了我记忆中最重要也是最值钱的宝贝了。俗语曰："靠山吃山，靠水吃水。"勤劳淳朴的阳澄人民深谙此道，遵循日出而作、日落而息这条亘古不变的生存法则。每每出船，打鱼者总被寄托了家中人全部的关心。阳澄湖的水域面积远没有太湖般烟波浩渺，却独有水乡女子谦和质朴、娇羞婉约的气息，恬静得富有诗意。波光粼粼的湖面像极了华丽的丝绸，顺滑、轻薄，严实地掩盖了藏在湖底的秘密。潮涨潮落间，不时传来"阳澄湖里浪推浪，小小网船勒浪湖面上过哎"的歌声，由远及近，我知道那是船队满载而归的信号。现如今，以劳作解乏衍生出的阳澄渔歌，凭借其质朴的语言、独特的韵律已成为相城十绝之一。又见炊烟升起，暮色照大地。厨房里灶头间，锅碗瓢盆交响乐正在激情和谐地上演。此时的孩童是最欢愉的，三五成群，或跳皮筋、或打弹珠、或丢沙包、或捉迷藏，肆无忌惮地在田里、地里、院里叫着、疯着、野着，直到自家姆妈扯着嗓子一个个喊回家吃饭。夜色来临，树影婆娑，虫鸟低鸣，枕着潺潺的阳澄湖水声进入美好的梦乡。

三

日复一日，又到了一年收获的季节。江南素有"鱼米之乡"的美称，这一点在阳澄湖地区得到了很好地验证。金灿灿的稻谷在艳阳高照下显得格外晃眼，饱满的颗粒、白糯的香米，丰收的果实是对劳动者最好的馈赠和奖赏。我时常将食物与感恩联系在一起，唐代诗人李绅的"锄禾日当午，汗滴禾下土。谁知盘中餐，粒粒皆辛苦"是我的座右铭，乃至我参加工作、成家立业后，仍不忘将此训诚言传身教给我的女儿。代代相传，才能生生不息。这个季节注定是硕果累累的，许多事情会在这个季节尘埃落定，比如终身大事。乡下坊间流传的"金相邻，银亲眷"的真理会在一次次婚丧嫁娶的筹办中得到诠释。若村里户间有一家赶上办喜事，其余人家不论亲疏远近，也无需叫唤，都会很自觉地早早来到互相帮忙。男人们忙着擦桌摆台，女人们围着择菜洗菜，一片热闹繁忙景象。这种不成文的规定不断地得到传承，也形成了村民们相亲相爱、团结和谐的氛围。成功的宴席离不开邻里的相助、大厨的掌勺、亲友的捧场以及地道的美食。为应景更为彰显主人家的排场，秋季里的宴席上必不可少一道本地美食——大闸蟹。一掬阳澄水，流芳自古今。相城厚重的历史与文脉，演绎出一段段传奇，滋养着一件件珍奇物产。以"青背、白肚、金爪、黄毛"著称的阳澄湖清水大闸蟹当之无愧位列其中。无论男女老幼，均抵挡不住那膏肥味美的滋味。这个让人垂涎三尺的美食也不禁引得章太炎的夫人汤国梨留下"不是阳澄湖蟹好，此生何必住苏州"的名言。没尝过阳澄湖清水大闸蟹的人，很难以顶级老饕自居。如今，各地食客纷纷汇聚于相城阳澄湖旅游度假区，为的就是品一品阳澄湖清水大闸蟹的鲜。也因此催生了相城阳澄湖旅游度假区餐饮、娱乐、会务、休闲为一体的休闲度假胜地的美称。享誉全球的阳澄湖清水大闸蟹正陪着淳朴的阳澄湖人走出一片新天地。以蟹文化、品蟹游等为主题的活动

快速地推进阳澄湖地区的经济发展。大闸蟹以全新的面貌、高调的姿态
与阳澄湖这座小镇一起在时代中演变、迈进。

> 美丽的阳澄湖畔
> 有我可爱的家乡
> 物产丰富景色亮
> 度假休闲养生堂
> 来来往往天下客
> 纷纷扰扰世间伤
> 美食美酒美娇娘
> 愿求与君诉衷肠

四

　　冥冥之中，总有一股力量守护着阳澄湖地区平静、安逸的生活。我将
这归功于阳澄人民勤劳勇敢、互谦互让、和善待人的优良传统，而更多的
年长者则认为是自己的虔诚换取了一方神灵的保佑。不论原因为哪般，皇
罗禅寺——这座千年古刹以其独特的需求屹立在阳澄湖地区，演绎出绵
延不断的旺盛香火，成为人们祈愿世界和平、国泰民安、风调雨顺和谋求
福祉的所在。我并非佛教徒，参观拜访皇罗禅寺的目的亦如同走遍名山大
川、渴求沉淀历史般单纯不可亵渎。烟雾缭绕的古刹、浑厚低沉的钟声、
斑驳陆离的瓦墙，仿佛都在诉说着那被保存在岁月中的生活和记忆。某个
冬日的午后，一位老友从异地赶至苏州与我叙旧，提出想去阳澄湖游玩的

想法后，皇罗禅寺便是第一个跳出我脑海且在我看来是颇具历史文化底蕴值得一看的地方。驱车前行，进入相城阳澄湖旅游度假区美人腿风景区仅仅十五分钟后，车辆驶入皇罗禅寺景区。梵音低沉，青烟袅袅，朦胧空灵之感顿时袭来。在这里，你可以真切地感受到"宜言饮酒，与子偕老。琴瑟在御，莫不静好"的淡定从容。想来，这应该就是吸引香客、游客络绎不绝的原因吧。

阳澄湖凭借着自然与人工的合力，演变出了万千迷人的视觉景象。风的味道、云的味道、时间的味道、人情的味道，在漫长的岁月中，与故土、乡情、勤俭、坚忍等情感和信念混合在一起，以其独特的方式融入相城、反映相城、引领相城。当下，让我赖以生存的相城，正用其"相融天下、城通四海"的胸怀吸引着来自五湖四海的人们，桩桩件件与相城有关的人、事、物即将悄然上演……

万般情感，才下眉头，却上心头！

（此文获"记忆中的相城"征文比赛成人组三等奖）

小村往事

东桥中心小学　王薇

　　谈起苏州，我们眼前出现的总是一位温柔似水的娉婷少女。温婉、柔和，又有时间和文化所沉淀出的端庄宁静。而说起相城，在我眼前出现的则是一位文静内敛的小姑娘。虽然年岁尚幼，但骨子里却像足了苏州这位"母亲"。只是相对更加地文静，略带腼腆之意。

　　而我，一个土生土长的相城人，在这里从一名襁褓婴儿长成如今的模样。岁月流逝，我成长成熟，但我的家乡——相城，却仍是旧模样。一样这么文静，一样这么宠辱不惊。也许是因为我生长在相城比较偏远的一个小镇中一个比较偏远的小村庄的原因吧，外面的世界日新月异，但我的小村庄却仍在那儿，岁月不惊，时光不移。

　　对许多人而言，相城也许是个很大的概念，包含着许多个镇、许多个村，有的繁华，有的毓秀，有的富庶，有的灵秀，但在我的眼中，相城就是那个我生我长我眷恋的小村庄。

　　幼年时的我，生活的全部空间就是我那小小的村庄，连去一次镇上都是偶尔的事情。小镇上的青石板街、冒着热气的早餐铺子虽然让我向往，但我的生活、我的心却紧紧连着我的小村庄。

　　犹记得我家的老宅，屋前是阡陌的小路连着大片的农田，屋后竹荫阵阵，竹林间的小道尽头是一条潺潺流动的小河。小河上没有桥，只有在最浅的地方有一木板连接两岸。间或在水浅处搁着几块大石，供人通行。河岸两边都是高大的树木，杂乱无章又异常和谐地沿河生长。跨过小河往后，成排的房屋间有一条几不可见的小道，穿过小道，几步之后，眼前豁然开朗，成片的农田冲入你的视线，有种让人惊叹的美。农田的边上是我们这个小镇的"母亲河"，河上不时还有"突突突"的机帆船开过。而这些，便是我们所有生活的空间。

春暖花开的季节，田间的野菜已经长得肥美可喜，一棵棵一丛丛的。那时的我们，就会挎起一个小篮子，拿上一把小铲刀，奔到村后的大片田野中去。田埂上、水渠边，无处不蹲着一个个小小的身影。一两个小时后，家里的餐桌上便会出现一盘碧绿可口、或清炒或凉拌的野菜了。

当夏天拖着火辣辣的小尾巴扫到我们这个小村庄的时候，农村的小伙伴们是不会甘心窝在家中享受蒲扇和冰棒的，外面可有着广阔的天地等着我们去探险哟！

屋后的小河是我们最爱的场所了。夏季水大，我们挽起裤腿，就踩进了清凉的河水中。河水太浅，无法游泳，但因为有一定的高度差，形成了一个小小的"瀑布"。我们坐在小木板上，小脚在水流冲刷下轻快地一甩一甩，偶尔还有小鱼游过，被我们的嬉笑声吓走了。聊聊天，采采小花，一上午的时间就飞快地过去了。直到各家大人喊吃饭的声音响起，我们才不甘不愿地从水中抬起有些皱皮的小脚丫。午后的时间最是悠闲，奶奶会给我们在竹林里准备好小藤椅，我和妹妹就一人一个坐在那里，扇着奶奶的大蒲扇，不一会儿就进入了甜美的梦乡。一觉醒来，河边的树林里已有小伙伴在等候了，林中的秋千架也已经开始排队了。虽然只是系在两棵大树上的简陋的麻绳，却也足以让我们巴巴地等待着，只为了上去荡上一会儿。郁郁的树荫挡住了热浪，给了我们一个安心的所在。夕阳即将下沉，河水也不似正午时的烫人，玩了一天汗津津的孩子们终于盼来了一天中最开心的时间。河水中已经漂满了各种各样的游泳工具：木板、泡沫、旧轮胎，甚至还有大门栓，一个个快乐地在水中扑腾着手脚。不会游泳的我也坐在河边，嬉笑着把腿浸入清凉的河水中，出其不意地向戏水的人泼上一捧水，引得他们阵阵惊呼，四散逃窜。

当清脆的车铃声传来，我们就知道，工作一天的父母终是回来了，马上甩开湿漉漉的小腿往家跑去。接过爸爸自行车头挂着的大西瓜，小心地在口袋处系上一根绳子，沉入屋后的水井中，这将会是晚餐后的纳凉良伴。

农村的夏日夜晚，总是异常热闹，引得天上的小星星似乎也被这份热闹吸引而变得越发璀璨。电视节目是绝对不足以吸引我们的，河边的草丛中满布的萤火虫、场院上到处跑着叫着的小伙伴、村口小店里的美味小糖果，这已经成了我们最大的乐趣。大人们在场院里大声地聊着天，我们则唱着歌、吃着西瓜、捉着迷藏，玩着各种自以为有趣的游戏。直到月已西沉、眼皮打架，才被各家的大人领回家中沉入梦乡。

夏日的热闹换来了秋天田野中明媚的金黄，连空气中都有着干枯稻草所散发出的独特气息。干干的，略有点呛人，但却有着独特的属于丰收的香味。深秋的傍晚，放下书包后，我们便迫不及待地冲往村后的大片田野中，只要一声甜甜的"伯伯"就能换来新鲜出土的、还带着泥巴的大红薯。一瞬间，小伙伴们便各自忙开了，挖坑的挖坑，捡柴的捡柴，生火的生火……当烤红薯独特的香味飘到鼻尖，我们欢呼地扒开柴堆，甩着手，哈着气，不顾烫口，急急地品尝着自己亲手烤的红薯。热气蒸腾间是一张张无忧的脸。那是多少年后，吃着花钱买来的红薯所不能得到的满足和快意。而长大后的红薯，也再寻不回那种香甜软糯的口感了。

冬天的美好在于温暖的被窝，比爸妈的怒气更有效的闹钟则是窗口飘下的洁白雪花。我们是大自然的艺术家，雪桥、雪人、小城堡、涂鸦……不一会儿，洁白的天地间忽然就充满了活力，各种"艺术品"纷纷出炉。愉悦的欢呼声惊落了树枝上小憩的雪花，啪的一声砸在了笑得最欢快的那个头上，引得一个个都笑弯了腰。

感谢我的家乡，为我的童年提供了如此温馨的所在，细致地呵护了我成长的岁月。此后的年岁，我将继续沉醉在这温和的村庄中。栖于相城一隅，沉醉而不愿醒。

（此文获"记忆中的相城"征文比赛成人组优秀奖）

不变的老街

江苏省黄埭中学　翁迟津

喜欢戴望舒的《雨巷》，那么美——撑着油纸伞，独自／彷徨在悠长、悠长／又寂寥的雨巷／我希望逢着／一个丁香一样的／结着愁怨的姑娘／她是有／丁香一样的颜色／丁香一样的芬芳／丁香一样的忧愁／在雨中哀怨／哀怨又彷徨／她彷徨在这寂寥的雨巷……

青石板桥

青石板铺成的桥上，长条形的石板排得齐齐的，两边的扶栏上刻画着几个模糊的字和几个圆环，桥头的石狮在风雨的洗礼、人们的摩挲下变得光滑，甚至在头部有着光泽。凶恶威武的眼神、大张着的嘴、尖锐的牙、脖上的环铃、强壮的四肢，用这样的形象镇守着这座桥。

从桥上望，河浜里两旁的人家清清楚楚，后院里种着旺盛的吊兰，垂下几支匍匐的茎，在风中飘动；老式窗向外推出，屋内收音机里的评弹悠扬传出，讲述着一个个动人的故事；又不小心闻到萝卜丝饼的阵阵香味。

桥下有那年迈的老人捶打着衣服，一个大木桶放在一旁的站脚石上，也不怕被水冲走。

西岸人家

桥上走下，两边的路都是六角形的石砖，两面人家还是棕黑的门，木纹上的黑色斑点显示着苍老的年代感，用圆钉钉着的"太平盛世"对联已经褪色，钉子也泛着铁锈的色泽，但老人们仍旧没有换下。

一位站在门口的老奶奶，头发白而稀疏，脸上皱纹纵横，一手捧着青边碗喝着粥，另一手还和隔壁家的老爷爷打着招呼。老爷爷坐在门前的藤椅上悠然地抽着烟，拿着一只棕黄的大茶杯，应着老奶奶，不知说了什么逗得老奶奶笑得露出了不多的牙，老爷爷扶了扶头上的旧帽子，也笑得眼睛都看不见。

吃完早饭，老奶奶抱着干净的哈巴狗坐在了另一只藤椅上，那哈巴狗趴在老奶奶的腿上，眼神里一种可怜兮兮的意味逗得我忍不住上去挑逗，可我一靠近它就凶悍起来，吓了我一跳，老奶奶不好意思地对狗说道："又来了，乘！"粗糙的手不轻不重地拍了一下，又对我说："看起来乘其实蛮凶的，没吓着吧？"我摇摇手，笑了笑。

店铺小贩

走进去，还会有门面呢，朴素的店面上什么也没有，只是门框上挂着红字"裁缝店"的木牌，门口放着很多布料，还听得里面缝纫机"咔咔咔"的响声，有人在量衣服尺寸，衣长、袖长、肩宽、胸围等一一量着，过几天便可拿到合身的衣服了。

在街的另一头，有一个卖盆盆缸缸之类的船，常常一船的缸盆用雨布遮着，也不写什么牌子，要买就来买，我依稀记得有个同学吃中药的砂锅还是在那里买的。

菜市场

在早晨,老街有一处临时的菜市场,都是当地人自己种的,新鲜没农药。

一个个老奶奶提着大篮子,骑着三轮车,带着蛇皮袋早早地到那里,蛇皮袋铺在地上,一样样地摆出自己的菜,像珍宝一样,好了之后就和旁边的人唠起了嗑,说说西家长东家短,买菜的人来了之后又帮买菜人装东西,还帮着隔壁的推销。

卖蔬菜的对面是卖鱼虾鳝肉的,大鲫鱼、小猫鱼、新鲜猪肉,生意兴隆,人来人往。

在买卖结束后,我又向更远处走去……

老街还是老街,历史的车轮滚过它,留下了痕迹,但改变不了它的意蕴。

（此文获"记忆中的相城"征文比赛成人组优秀奖）

记忆·相城

　　悠悠二十余载，除去几年离家读书的日子，细细想来，我人生目前为止的时光，竟大部分都是在相城这片土地上度过的。不知不觉中，我的生命、我的灵魂，竟与这片土地产生了千丝万缕的联系。

　　记忆中的相城，是外婆站在村头期盼的眼神。那年幼小的我，最开心的事情莫过于每周一次回外婆家了。"摇啊摇，摇啊摇，摇到外婆桥"，幼时的我，坐在外婆的脚板上，和外婆一起咿咿呀呀地唱着这首童谣，仿佛是我童年的一个写照。喜欢外婆住的村庄，尽管它坐落在相城某个不起眼的角落，却是我记忆最深的地方。或许是因为那里有傍晚时分家家户户升起的炊烟；或许是因为那里的小河边漫水的石阶上总有几条不知名的小鱼；或许是因为那里的鸡鸭成群，还有不时传来的狗吠声；或许是因为那里田间的小路上每到春天都有马兰头可以去采……再或许，只是因为那里有我的外婆，她会种我爱吃的草莓，却总是被鸟儿先吃掉一半；她会种上各种各样的蔬菜，然后告诉我这是黄瓜，那是西红柿；她会精心喂养那只我喜爱的猫咪；她会在做饭的时候，教我怎么扎一个稻草结，推进灶台，我仍然记得那里面窜出的红红的火苗，映照着我们的脸庞。记忆中的相城，是那样一座小小的村落，而住在那座小村落里的外婆，会在每个周末，站

38

在村口，等着我回家。现在的我，即使回到那早已面目全非的村庄，也再也回不去那过去的时光了。

记忆中的相城，是舌尖上味蕾的绽放。小时候，勤劳的妈妈在晨光熹微中，便开始忙碌，用甘甜的红薯、金黄的南瓜和清香的小米熬成软糯稠厚的营养粥，撒上松软绵密的肉松，轻轻舀起一勺放到嘴边，顿时蒙眬的睡意一扫而空，感觉充满着活力。有时候，跟着老爸去吃点心，一碗冒着热气的小馄饨，透明的皮裹着粉色的鲜肉，点缀着碧绿的葱花和嫩黄的蛋皮，配上咸香酥脆的葱油饼和皮薄味鲜的小笼包，轻轻咬一口，一股浓郁醇厚的汤汁喷涌而出，仿佛空气中都弥漫着鲜甜的美妙气息。放学了，路过萝卜丝饼摊，禁不住那诱人的香味，驻足停留。摊主熟练地舀起一勺混合着萝卜丝和鸡蛋的面粉，放在沸腾的油锅里一炸。不一会儿，淡黄色的面饼就披上了金色的外衣，一股香味从油锅里飘起，摊主用油纸一包，随意地撒点黑胡椒粉或者红红的辣椒粉，递给我们。不顾烫到嘴皮子，我就忍不住咬了一口，面粉的柔和、萝卜的爽脆、鸡蛋的滑溜、辣椒的辣和胡椒的麻，在喉咙口余味萦绕，仿佛三日不绝。空闲下来，最爱去的是大伯家，大伯母是一位温柔贤惠、厨艺了得的家庭主妇，端午节没到，就开始裹着一大家子人的粽子。口感绵密的枣泥豆沙粽、鲜香浓郁的蛋黄肉粽，还有我最爱的火腿粽。中秋将至，她就忙活着准备软糯可口的红糖芋艿，撒上香味扑鼻的桂花，还有一年难得一见的鸡头米小圆子。鸡头米是大伯种的，他在阳澄湖边承包了一片水塘和小土丘，一年四季瓜果飘香。从初夏到深秋，五彩斑斓的水果纷至沓来。有个大皮薄、肉厚核小的枇杷，咬一口甘甜清香，吃一个神清气爽；有淡黄粉红的水蜜桃，轻咬一口，汁水甘甜馥郁，沁人心脾；有红得发紫、酸甜可口的杨梅，吃起来不觉得酸，猛然吃了小半筐之后，才发现牙齿酸倒了，嘴唇都变得红艳艳的；还有金黄皮薄的李子、密密麻麻的石榴、黄里透红的橘子。这些水果，好似一首首旋律悠扬的圆舞曲，层次分明、丝丝入扣，给我增添了一抹色彩鲜艳的美丽回忆。当然最不能忘的就是螃蟹了，阳澄湖的大闸蟹可是享誉盛名的，青背、白肚、金爪、黄毛。抓上一公一母，捆住蟹脚，上锅蒸熟，等螃蟹变红，就可以上桌了。准备好自制的姜末糖醋，剥开蟹壳，慢慢品尝蟹黄那无与伦比的滋味、蟹肉那一丝一缕的鲜美。靠着大伯，我每年都能品尝到这份难得的美味，这种习惯一直持续到我大学毕业。大伯年事已高，不再养殖鱼苗螃蟹、种植蔬果，但却成为我记忆中最美好的篇章。

　　记忆中的相城，是清晨琅琅的读书声。我最重要的学生时代，小学、初中乃至高中，都是在相城这片土地上度过的。相城，见证了我的成长。在这里，我有过成功的喜悦、流过失败的泪水，依然记得曾经的老师们对我的循循善诱，依然记得曾经的同学们给过的鼓励。在这片土地上，我哭过、笑过、努力过、奋斗过。还记得七岁那年，第一次背着书包走进当时还叫蠡口中心小学的学校时，我不会想到，十多年后的我，会重新踏入这个校园，这个已经叫做蠡口实验小学的校园。而这一次，我是以一名老师的身份，我面对的，是那些十多年前的"我"。这怎能不叫我心生感慨！从未想过，"长大后，我就成了你"这样一句歌词，竟真的发生在了我的身上。这片土地哺育了我，看着我长大成人；而如今，我又回到了这片土地上，去培养我们的下一代……这不禁让人想到，这就是轮回，这就是一片土地的生生不息！

　　相城，这片神奇富饶的土地，它养育了一代又一代的人，它孕育着一个又一个希望。相城，它不仅在我们深深浅浅的记忆里，它更在我们美好而真挚的展望之中！

　　（此文获"记忆中的相城"征文比赛成人组优秀奖）

最忆相城——美

太平中学　李珍

"江南好，风景旧曾谙。"每当读到白居易的这首《忆江南》，总会不经意俯首捡拾一路记忆的碎片，拼凑出昔日心中的至美之境。然而，今日思相城，鼻尖飘逸的是春天铺天盖地的野芳，耳畔传来的是夏夜此起彼伏的蛙鸣，眼前浮现的是秋日满地金黄的稻田，嘴边回味的是冬晨软糯香甜的芋香……记忆的碎片不断地整合放大，终于串起了成长的一路风景。

最忆相城：野芳发而幽香

一望无际的田野，丛杂而又整齐。每当春风拂醒江南大地，有名的、不知名的、无名的，全都舒展腰肢。黄的、红的、蓝的、白的，全都缤纷起来。

小时候，一个人去外婆家。一条长长的田埂，两边满是庄稼地。走在长满杂草的乡间小路，路边的野花小虫会不时轻吻我的双脚，有时候地钻到裤腿里去了。这时，俯下身子，调皮地摘上几朵小花，插在小辫上。或者随手折下几条柳枝，编个柳环，插上几朵艳丽的小花，倒也不失清新雅丽。或者蹲身于草丛间，采撷各色小花，扎成一个小花球，惹得小表妹咯咯直笑。此刻，似乎整个春天都在我的手里了。"等闲识得东风面，万紫千红总是春"，不错的！

相城之春，是内敛的、不招摇的，它是农家人最朴实的写照。正如那悠悠然于田间的野芳，热烈而又奔放，是天地之灵气所聚，乃"相土尝水，象天法地"之瑰宝。

最忆相城：听取蛙声一片

一望无际的稻田，笔直而又苍翠。宁静的夏夜，早起的农人已经困乏，不自觉地进入了甜甜的梦乡。

白日的暑气已渐渐悄然消退，可是此刻的大自然却是另一番景象。青蛙在孜孜不倦地奋力鸣叫，到处"呱呱"，此起彼伏。中间偶尔点缀着虫子的柔声细语，倒也和谐。对于农人来说，这是最好的催眠曲；对于孩童来说，这是最动听的摇篮曲；对于勤劳朴实的相城人来说，这是最和谐的奏鸣曲。"稻花香里说丰年，听取蛙声一片"，不错的！

相城之夏，是热闹的、不喧哗的，它是相城人最浪漫的音符。正如那陶陶然于田间的蛙声，畅快而又动听，是万物之灵气所奏，乃天籁之音。

最忆相城：喜看稻菽千重浪

一望无际的金黄，灿烂而又厚重。"菊黄蟹肥秋正浓"，沉甸甸的谷穗傲然于枝头。秋风一过，点头哈腰一番，似在向农人致以最崇高的敬意。

放眼望去，一浪低，一浪高，你来我往，此消彼长，似顽皮的孩童在嬉戏打闹。这是秋日最厚重的絮语，这是最具魅力的诉说，这是硕果丰收的喜悦。当然，大自然的慷慨不仅于此。肥大甘甜的番薯，也会来凑热闹。田间的农民，干活儿累了饿了，拿出事先煮好的番薯，美美地、饱饱地吃上一顿，顿时疲劳消了，力气涨了，活儿干得更起劲了。"春种一粒粟，秋收万颗子"，不错的！

相城之秋，是丰硕的、不张扬的，它是相城人最得意的杰作。正如那滚滚然于田间的金黄，绚丽而又夺目，是世间最美丽的神话，乃心之至纯。

最忆相城：荻穗软如绵

一望无际的土黄，单调而又萌发。忙碌了一年的人们，正如田间的小麦油菜，需要养精蓄锐，等待来年的"风和日丽"。

放眼望去，大地的颜色让人感到宁静而安详。农作物已经种下，谷仓里满是余粮，一家人和和乐乐，等待新年的到来。备上一身新衣，准备一桌好菜，捎上几串鞭炮，祈求来年日子更加红红火火。"田家占气候，共说此丰年"，不错的！

相城之冬，是质朴的、不华丽的，它是相城人最真挚的祝福。正如那飘飘然于田间的软穗，顽强而又坚韧，是相城人最真实的写照，乃立人之本。

最喜相城：扶摇直上九万里

"忆往昔峥嵘岁月稠"，看今朝扶摇直上喜。碧波荡漾的清澈、绚丽夺目的璀璨、鳞次栉比的高楼、整齐划一的小区，无不昭示着新农村建设的成果，无不显示着相城人继往开来的精神风貌。

请看，弹指一挥十余载，乡土气息看似淡了，韵味却愈发悠远。农村风味看似少了，内涵却愈加丰富。传统习俗看似散了，现代化的气息夹杂着传统文化却扑面而来。

> 七纵八横通四方，百姓出行便利如乘顺风；
>
> 环境优化美天堂，人民分享喜悦似品蜜糖；
>
> 商贸旅游利一方，老少齐步走走也叹热闹；
>
> 创先争优促发展，前景奔腾广阔更赛飞马；
>
> 平安稳定保八面，安居乐业开怀亦诱人心；
>
> 制度执行刃厉风，大刀阔斧崭新旦赢未来。

曾经的一路，化为了昨日的记忆，也成就了明天的希望。曾经的熟悉，是生命的烙印，也是终生不悔的追求。相城的一路，不管是昨日的悠远，还是今日的繁华，抑或是明日的辉煌，都是永不磨灭的轨迹。

相城，你若安好，相城人的生命便是晴天；相城，你若繁华，相城人的生活便是蓝天；相城，你若辉煌，所有的相城人便有了璀璨的明天。

今年花胜去年红，料得明年花更好。

最忆相城，你的——美！

（此文获"记忆中的相城"征文比赛成人组优秀奖）

梦中的画师湖

苏州科技学院 金海元

我又梦着了她。清风细雨里，她的眼睛水晶一样透彻，她的头发像春天的柳枝丝丝缕缕地飘洒着，她的衣裙悠悠地拂动着野地里的清香，她唱着轻柔的歌，跳着婀娜的舞，越来越轻、越来越细、越来越远……

啊，画师湖，我梦中的仙子，我永远的牵系。她宝石般晶莹的绿色，是我心中最美丽纯洁的向往，离得越远越留恋，离得越久越思念。她是我绿色的梦乡。

画师湖是我故乡的湖。她在苏州古城北缘，是阳澄湖上游的一个小型湖泊。她不大，经纬图上往往难觅到她的芳踪；她没有名气，人们常常叫不上她的名字。但是我生在她的身畔，喝惯了她的水长大，从小沐浴湖上风的芬芳，吮吸湖里水的甜润。我承受了她乳汁般的深情哺育，更沉醉于她古老的迷人传说。

从小常听阿爸讲：早先的时候，这画师湖没有名字。湖水虽然也很清爽，但远没有现在这么好看。那时，邻村有个出名的大画家，看中了这里的美好景致，经常乘着大船来这里作画。他的画活灵活现，村上的人都很喜爱。他画湖水，画面上会碧波荡漾；他画湖外远山树林，画面上绿叶会随风飘动；他画树上的小鸟，小鸟会唧唧鸣叫着振翅嬉戏。那天他又来湖

45

上，风清云淡，湖面如镜。他坐在船甲板上，面对着北岸远方峰峦叠翠隐隐约约、天然人家朦朦胧胧的风景，他恍然进入仙境，便挥毫泼墨，用心把这迷醉的景像画入画里。突然湖上吹来一阵清风，吹动了稿纸，画家一惊不小心把砚台碰落湖里……后来，人们都发现湖芯里长出了个砚形小岛，上面还有一泓镜子一样的水面，湖水变得出奇地清绿。人们就此把它称做画师湖了。

怀着对这美好传说的憧憬，我在很小的时候和村里的小伙伴们一道跟随大人跑到画师湖边，去看那碧绿的湖水和神奇的湖岛。那是一个开阔而静谧的湖面，没有汽轮的轰鸣，只有小木船上的人在水中悄悄地撒网；湖岸上也没有工厂的烟尘和人声的喧嚣，只有天边的村落吐着袅袅婷婷的炊烟。大人们在湖湾、水塘栽茨菰、掰茭白、采菱藕，我们光着脚板沿着透迤起伏的湖岸尽情地奔跑、叫喊。累了就在地毯一样柔软的湖畔草地上躺下，仰望蓝天上白云在慢走；渴了就趴在湖边捧起湖水来喝，让纯净的湖水沁入心脾。有时我们骑在水牛的脊背上悠闲地观望，时常会看到湖边的草丛中各种花色的鱼儿在油油的水草丛中出没。野鸭子从湖中倏忽冒出来又嘎嘎叫着飞向远处田野。头顶上经常有一只翠绿色的小鸟追赶着我们，随着它"叽、叽"有节奏的鸣叫而一纵一纵地飞翔，我们都相信这就是那位神圣的画师画中的精灵般的小鸟。那条小船上稛螺蛳的老头，每天戴着旧草帽站在船头弓着腰不住地撑着柔韧的网杆，船艄上的老太在不紧不慢地摇着橹，他们像一把老琴弹奏着一支"吱呀、吱呀"的没完没了的乐曲。夏天一到，我们迫不及待地扑向诱人的湖滩，在那里玩水、游戏。跳跃的脚印、纵情的水花，那是我们欢乐的天堂。

画师湖旖旎的风光感染着我们年幼的心灵，它更以天赐的恩惠似默默的温情滋养着我们长大。每年鱼汛期来临的时候，湖上渔民提着满筐满篮的白鱼、银鱼等来到村里挨家挨户交换粮食，阿爸、阿妈用不多的大米换得好多，让我们从小饱尝了湖鲜的肥美。在画师湖边，我跟着大人逐渐学会了钓鱼、挖河蚌、抓螃蟹等本领。一有空我就投入画师湖的怀抱，一个猛子扎入湖底，顺着湖底飘扬的青草向更青处漫溯，赤手便能捏住鲹鱼、大闸蟹等。常常在小学放学以后，我背着竹篓，挎着笟箸网，和伙伴们一道来到湖边。湖边的水草在清澈的水中长得密密层层，随着湖浪起伏，惹人喜爱。我一手把网架牢，一手用木扒子把草丛中的鱼虾赶入网中，还没等完全起网，细鱼虾米就在里面蹦跳起来了。每一回我都能把鱼篓装得满满的回家。

雨季是农忙的时候，白天全家人冒着雨水忙着栽秧，每个人都很疲劳。到了傍晚，尤其是那几个天气特别闷热而又细雨沥沥的日子，我跟着哥哥头戴箬帽，身穿蓑衣，点上特制的洋油火笼，来到画师湖湾的浅草滩上捉"笑鱼"。我们猫着腰，蹑手蹑脚地用火笼朝水中探过去，看见从深水里游来的鱼儿在浅水的草滩上悠闲地游弋觅食，等我们瞄准目标刹那间把竹笼罩住它们时，笼里发出"叭哒哒"的挣扎声，到那时我们便整个人儿压在笼上，生怕大鱼撞开笼子溜掉。当等到鱼儿闹得无力了，我们再瓮中捉鳖，轻而易举就把它逮住。有的鱼儿很狡猾，稍有动静就想溜走，所以我们得身手敏捷，一鼓作气；但也有一些鱼，如鳜鱼等，我们叫它们聋膨鱼，我们走近去都没有动静，一直要到我们用手碰着时才想到奔逃……等我们满载而归时，阿妈早就准备好了灰箕、刀具宰杀了，家里人也都从床上爬起围过来看个新鲜。虽然我们混身上下浸透了雨水和汗水，就像刚从画师湖里爬上岸来一样，但一天的疲劳却也烟消云散了。

一个失落的砚台使画师湖具有了灵性，画师湖隽永的绿色湖水常引起我对许多遥远往事的稀疏回忆，总使我如同陶醉在悠深的梦境之中。

"我的眼睛感觉到了这天空的深邃的宁静，它在我的周身激起了一种如同树木在举起它那杯子般的绿叶来斟满阳光时的感觉。"（泰戈尔《游思集》）

（此文获"记忆中的相城"征文比赛成人组优秀奖）

情忆牛场

太平中学退休教师　龚仁之

每当我走过西牛场弄来到一片并无异样的空旷而平坦的地方，眼前便会浮现出童年时每次跟父亲来此的幕幕情景，他总是一次又一次地告诉我："这就是伲太平桥的牛场呀！"接着讲起牛场的件件往事，似又回到当年牛场的繁荣时光。

牛场，又称牛市，是买卖耕牛的交易市场。太平桥牛场形成于明清时期。到民国初，进入了兴旺阶段。太平地处阳澄湖西畔，土地肥沃，气候温润，是以种植水稻为主的"鱼米之乡"，曾为江南荻溪粮仓之地。当时已普遍利用牛力来干农活，如耕田翻土、碎泥耙田、车水灌溉、牵砻磨粉、排涝抗旱等，耕牛已成为农户必不可少的主要畜力工具，赞之为"农家之宝"。农户要种好田、获取好收成，必然要淘汰劣弱的老牛，选购健壮、优良有脚力的好牛，因此逐渐形成了耕牛的交易市场——太平桥牛场。

太平桥牛场，位于太平桥镇九思街北面，传说此地曾是宋朝邢姓兵部侍郎宅第的后花园。牛场东西长约两百五十米，南北宽约一百五十米，坐北朝南，有十八间进深为三至四米的简易牛屋，内有木架牛栏、料桶等，牛屋前为一片宽广的交易场。

牛场的耕牛交易是由牛董和牛头来经营管理的。据我父亲说，民国初，牛场由太平桥朱姓董事掌管，他手下有五个门徒，我祖父也拜在他门下，成为当时五个有名的牛头之一。父亲跟随祖父走南闯北去采购耕牛，也逐渐积累了鉴别耕牛优劣的经验，熟悉了牛市交易的管理程序，后来也爱上并干上了牛头这个行业。我记得直到解放后，农户或生产队购买耕牛，还请我父亲去福建、浙江等地选买耕牛。春耕秋种前是牛场耕牛交易的旺季，届时牛栏内至少要有十余头可供交易的耕牛，主要有水牛、黄牛等。本地牛来自阳澄湖地区农户的耕牛，外地牛来自福建、江西、浙江等山区，由牛头去选购来的年轻力壮的牛。耕牛的交易价一般来说，水牛的价要比黄牛贵。在同类牛中，主要看牛龄（牛头鉴别牛的牙齿来断定牛龄）；其次是看牛的脚力（牛脚要高，腿要坚实），牛头把买主相中的牛牵到场上走几圈，让买主观看中意而论价；再看牛的健壮程度等，然后双方定价成交。

从外地采购来的新牛一般不会耕田、车水等，牛头就要在牛场或实地进行试耕、试车等训练。买主买回去后也还要在牛头指导下继续进行农耕实训，尽快完成从牛到耕牛的转变，使之成为熟练的农耕好手。烈性的牛是匹好牛，好牛是靠训出来的。俗话说牵牛要牵牛鼻子，牵好牛鼻子是训牛的关键。如训牛车水（俗称牛打水），首先把牛牵到牛车棚里，把牛鼻子牛绳缚在圆形车盘上，使牛鼻与车盘相距半尺左右；再在牛眼上戴上一副竹制的碗眼，蒙住其眼睛；然后用车套夹头套在牛肩上，使牛一心一意地绕车盘等距离行走在牛路（由柴编织成的路垫，以护牛的脚力）上，如牛不肯走，则用牛鞭抽打牛屁股，使之一圈一圈有轨迹地行走，成为习惯。

日伪时期，曾一度在阳澄湖地区繁荣昌盛的太平桥牛场因战乱等原因而逐渐走向衰落，至 20 世纪 40 年代初不再进行耕牛交易。但作为农耕牛力的耕牛仍在农村普遍饲养，牛力生产工具仍在继续使用。一直到 20 世纪 70 年代中期，农业机械化、电气化程度逐年提高，以机械、电气为动力的农机具逐渐替代了牛力农具，耕牛才逐步淘汰。至 80 年代，人们已见不到耕牛了。但人们永远不会忘记风云于农耕时代的耕牛，永远不会忘记曾经兴旺、繁荣的太平桥牛场。至今人们仍把之称为牛场，并把进入牛场的两条通道称之为东牛场弄和西牛场弄，从而成为太平桥历史街市文化的见证之一。

（此文获"记忆中的相城"征文比赛成人组优秀奖）

老街，穿过光阴阡陌

渭塘实验小学　沈丽

老街，在我年幼时，并不老，它是一条热闹繁华的集市街道。我家紧邻着这条街，从小看长辈们在街上经营生意，于是我被玩伴们笑称"街上人"。

这条街东西走向，两边都是商铺人家，粉墙黛瓦，木制门板，每天看着他们把门板一块块地卸下，又一块块地拼装起来，很是好玩。最东面是个电影院，挨着爷爷的杂货铺，每天晚上，川流不息的人群带动了爷爷的生意，也让我从小学会了招待顾客。街中间是个中心地带，百货商店就在其中。小时候经常跟着大哥哥大姐姐们偷溜进去，不瞅那琳琅满目的商品，却最喜欢看头顶那长长的一排排夹着夹子的铁线。尤其是夹子，在线的一端，"嗖"地飞向另一端，就像燕子在空中飞翔，看得我入迷。那时天真地想，长大了就要做飞夹子的人。紧接着边上就是充满中药味的药店，由外往里看，黑压压的一排排小盒子，倒吸一口凉气，一溜烟地跑过。再过去就是大饼油条店，这是我引以为豪的地方，因为那里有我的亲戚和一大堆的姨伯，只有我可以不用买票直接进去。小伙伴们总是眼馋地看着我出入自由，随便地吃着……再过去就是一家专做竹篮子的小店，我亲切地唤店里的奶奶"好婆"。看着"好婆"熟练地把一根根竹条子在手中穿来穿去，不一会儿就做出了篮子的形状，让我惊讶不已。再过去还有泡泡馄饨店、冷饮批发店……当然最喜欢的还是冷饮批发店，里面有我最爱的足球杯。一到夏天，一吃过午饭，就缠着妈妈给我零钱买回一个，吃上一口，醇香味浓，在唇齿间久久不能散去。长大后尽管有更多美味的冰激凌，仍抵不过小时候的那一口。

隔着南面商铺，便是一条河流，碧波荡漾，清澈见底。商铺人家临水而居，每天淘米、洗菜、洗衣服。只有在这时，我才能正大光明地跟着奶奶，卷着裤管，走下一层层石阶，趟着有些凉意的水，故作"帮忙"，实则玩水。而此时的奶奶，朝着河对面的同样在河滩边洗衣的阿婆，聊起了家长里短。不知不觉，一个晌午就这么过去了。当然最兴奋的事，便是站在紧邻河滩边的桥中央乘凉。一到夏天吃过晚饭，桥两边的男女老少，手拿蒲扇，三三两两地走上来，挨着桥栏，说着"今日新鲜事"、"国家大事"，并不时地争得面红耳赤。而我们小孩，偷偷地蹲下身，从栏杆缝隙看着不同大小的"机帆船"，冒着烟"噗噗"地来回开过。几个顽皮的伙伴，悄悄地从地上捡起小石子，往正要钻过桥洞的船只里扔，扔到后偷偷笑着。

当然这条河流最热闹的时候并不在此，而是每年农忙大丰收的时候。桥的彼岸是一条悠长的河滩，台阶高低有致。平日里只有稀稀落落的妇女们来此洗涤物品，在这时，却挤满了装着稻米的船只，因为在这儿有我们镇上唯一的粮管所。也只有在那几天，高高的门楼敞开了，各村的粮农们都摇着或开着"帆船"往这儿卖粮，他们有序地等着过磅卖粮。卖完粮食的人们，拿到钱后不急着回家，而是往街上转悠一圈，带些小吃衣物。在微黄的夕阳下，各自摇着帆船，哼着小曲，满足地回家了。

与这条街交叉的还有一些巷子，古朴深邃，不熟悉的人还不敢往里走，我的家就在其中一条巷子里。每天穿过一条条弄堂，走过错落有致的门庭，最后穿过一条木制走廊，便到了街口。白天我们自由穿行其中，谁家开着门，便跑去串门。一到吃饭的点，弄堂里炊烟升起，香飘四溢。只要你进去，饭桌上有香味，尽管端着凳子坐上去吃。但到了晚上，没有灯光的照射，只有月光婆娑的影子，耳边不时响起大人们讲的鬼故事，突听"喵"的一声，黑毛、绿眼睛的老猫跳了出来，吓得我们哇哇大叫起来，快速地跑过弄堂，仓惶逃回家去，再也不敢出来。当周围的巷子里都是泥石路时，这条街早已铺满了青石板路，远看似乎没有规则，细看纹路清晰，像水中的波纹，从街的这一头蜿蜒铺展到街的另一头。而我和玩伴们最开心的事莫过于沿着青石板的纹路，一块隔着一块地跳着，看谁跳得又快又远，赢的人在前面"咯咯"笑着，输的人懊恼地想加快速度，但越心急越跳不远，引得两边路人哈哈大笑。

印象最深的是雨天的街。江南的雨，无声无息地来，无声无息地下。先是如绒如絮，继而细细密密，转而是珠玉落银盘般清清脆脆乐声入耳。雨水顺着屋檐往下滴落，滴滴答答，叮叮咚咚，仿佛自然之手按响了黑白键，齐齐杂杂哗然鸣奏起来。街一下子安静了，又变得亮堂起来了。整条街被雨雾缠绕，如仙如境。时而有农夫穿着雨衣、戴着斗笠、推着板车冒雨过来，古色古香；或有一男一女，共撑一把伞，相互偎依着，引人遐想。而此时，最高兴的莫过于我们这些被称"下雨天狗欢喜"的小孩，高挽裤管，赤着小脚，飞奔在光滑洁白的青石板路上，任湿漉漉的一缕乌发贴在额际，尽情挥洒着童趣……

不知何时，爷爷老去了，杂货铺依旧在那儿，但我却不能常去；电影院搬家了；粮管所的大门锈迹斑斑；河滩边的桥已是危桥了；百货商店不见了……一切的一切在我儿时的印象中慢慢地变模糊了，唯一不变的是那条青石板的路。可是随着岁月的侵蚀，纹路模糊了，路也变得高低不平。

再也不喜欢下雨天的街了，踏着灰蒙蒙的雾气，走在昏黄的路灯下，就像《雨巷》中撑着油纸伞的姑娘，那么惆怅、失落。尽管如此，我还是与它有着不解之缘，因为我家落户在了其中一商铺中，每天走过这条街去上学，放学后依旧和玩伴们在这条街上玩耍，渐渐地，似乎离不开这条街了。终于有一天不得不离家上更高的学校，临行前，再一次走在这条街上，发现青石板细缝中早已长出了青苔，门前屋檐下的门板，木梁腐朽了，盛世繁华的景象不现了，街终于还是老了。回忆着自己的童年，青春岁月都在此度过，不禁唏嘘起来。此时对面走来一人，似熟悉又陌生，谁也不知在不久的将来就是与我结伴一生的爱人……

斗转星移，物是人非。昔日的青石板路已经不在了，一条笔直水泥路穿过，两边种满了绿化，更添了几分趣味；木质的门板也卸了，换来更牢固的卷帘门。老街，尽管昔日的繁荣不再，可它陪伴我度过了青葱的岁月，也陪伴我的小孩走过了她绚丽的幼年。它与我的一生有着剪不断的情缘，如一幅黑白鲜明的版画永远珍藏在我柔软而美丽的记忆深处！

（此文获"记忆中的相城"征文比赛成人组优秀奖）

心上烙上了相城印迹

东桥中学　王春宝

静静地坐在我的"湖影轩"中，透过窗子，阳光暖暖地浮在身上。读老舍，读老舍笔下的北京，思忖着老舍与北京的那份情感……不禁想起自己来相城转瞬快二十年了。一轮轮的工业化与城市建设，相城早已改变了她的模样，只是在我的记忆深处依然刻着对她的记忆。

那时候，还不叫相城，叫"吴县"。那一年，我大学毕业怀揣着对爱情的甜蜜憧憬和做一番事业的雄心壮志，我来到了吴县的一个小镇——东桥。清楚地记得，从上方山脚下的学院辗转换了三趟车，花了近六个小时的颠簸才到达目的地。虽然疲累，却很兴奋。车过浒墅关，驶上了一条碎石马路。虽然颠簸，路边景色却不错：河水清清，芦苇丛丛，河岸边一株株桃花盛开着，粉红一片。河中是摇橹的艄公还有他那船头淘米的娘子，岸边是侍弄菜园的农妇和她那担水浇园的丈夫。洋溢的是劳动着的快乐。沿河是一排排古朴民居，随一条条青石小巷伸向远处，被一丛丛修竹和那灿若朝霞的桃花簇拥着……心便醉在这如画景色中了。

记忆中的相城留给我的是如诗如画的记忆。

然而，美好的心情并没有保持多久，用现在的话来讲："理想是丰满的，现实是骨感的。"在女友弃我而去后，我孤独地在这陌生的江南小镇百无聊赖地生活着。那时候住在单位一间低矮的破平房里，白天工作，晚上写着一些只属于我的凄美文字。日子也就这么一天天地过。直到那一天，遇到了那位江南姑娘。清清爽爽的一袭布衣，俏俏丽丽的一条马尾辫，清清澈澈的眼睛一如江南的水……我们就这样相爱了。那时候的小镇很宁静，我们常常牵手走过月下田间小路，在稻花香里倾听蛙声阵阵，我们万分惬意地畅想着我们的美好未来。那时候的天很蓝、水很清，连空气都是香香的。虽然物质上并不富有，但我们很快乐。记得是那年的冬天，天气很冷，女友来看我，我把她冻得通红的手攥在手心里暖着，她的脸便也跟着暖了、红了……她挣脱我的手，从贴身的口袋里摸出几块奶糖，剥开一块放入我口中。"这是我昨天吃喜酒拿到的。"她说。一丝丝的甜蜜顿时漾遍我的全身。后来，她便成了我的妻。直到现在我依然记得那块带着体温的大白兔奶糖。

记忆中的相城留给我的是甜蜜而又温暖的记忆。

随妻住在乡下的老屋，这是一处典型的江南宅院，前后三进，前院一棵榉树，正茂密着为堂前遮挡着刺目的阳光。丈人说，在江南以前要是家里得了男丁，都会在屋前植上一株榉树，取个"高中举人"之意；要是家里新生了女娃，则会在屋后植一株香樟，并在香樟树根部埋上一坛子上好女儿红，待得女儿出阁之时，将香樟打成一口樟木箱子，并将那女儿红启封。老屋后面不止有香樟，河岸边还有一片竹林，每到春天便可以吃到鲜嫩竹笋。如时值5月，正是莺飞草长的时节，屋前屋后，还会开满不知名的野花。最常见的是喇叭花，也称牵牛花，舒张着藤蔓，在窗棂上攀援而上，时不时地开出白的、粉的、紫的花朵，一大片一大片满是的。

月明风清的仲夏时分，是最惬意的时候，那时候，拿一把蒲扇，一张躺椅，把自己收拾妥当，与妻子坐在那场边听蛙鸣虫唱，对着朗月想那星河深处动人的传说。妻子偎在我身边给我讲小时的故事："儿时，母亲常会按着我，端一木凳，置盆清水，然后在树下，给我洗头发。虽年幼，我却也极爱美，非要学着留起了长发，但又苦于不会打理，于是常常疯玩得一头蓬乱地回家。这时候被母亲看到了，总会按着我去洗头发，用清水打湿了，然后用一把老木梳将纠结的发梢梳理，再打上皂子，用双手轻轻地揉着。此时的我，低身弯腰，却在母亲这有节奏的揉搓中，舒服地哼出声来。待洗完，就这样随意地披着，迎着阳光在院里奔跑，时不时再采摘些野花野草系于发间……"每每听到此，我便神往。

记忆中的相城留给我的是江南古朴的民风与温婉的记忆。

如今，快速发展的相城，成片的工业区、住宅区，漂亮而又洋气的一个个开发区、人造风景区，人潮涌动、热闹的商业区占据了相城大地。现代化的相城早已把原先的小镇湮没在开发的洪流中，小桥流水、稻香蛙鸣、修竹桃花也随着小巷古宅渐行渐远。那倾听过我爱情呢喃的稻香、蛙鸣、修竹、桃花，那见证过我爱情甜蜜的清清小河、小巷古宅，那赞美过我爱情的淳朴乡民……也许都只能停留在我的记忆中了。

和老舍与北京一样，我也早已把相城融入到我的身体里了，面对繁荣、现代的相城我更难忘记忆中的相城。

（此文获"记忆中的相城"征文比赛成人组优秀奖）

那年，那桥，那人

陆慕高级中学　杭英

　　生平爱读，读书、读画、读日、读月、读山、读水、读人。诸情之外，更有一好，读桥。在这温婉江南水乡，小桥流水、粉墙黛瓦，宁静恬淡，养眼至极。然而内心里面，最为难忘的还是无数次萦绕在朦胧梦乡、浪漫神秘的陆慕"三桥"。

　　陆慕南桥是高邈的，陆慕中桥是生动的，陆慕北桥是奇绝的。三桥粗读见其悠闲，细读见其流通，横读见其广袤，纵读见其深邃。三桥似杨澜小时候外婆给的"小手帕"深深地印在我的脑海里。

　　陆慕南桥枕卧在市河上，重建于清朝光绪二十八年，历经百年风雨，大体上还保留着当年的风姿。主桥是半圆形的独拱桥体，高出水面七米多，由六道拱圆拼成，就像同样大小的半圆合拢在一起，组成一个完整的大拱。倒影于碧波中，仿佛一块晶莹的圆璧，又好似一轮冉冉升起的明月。童年时，喜欢由斑驳的石阶拾级而上，迅速顽皮地跑向另一侧，淹没在陆慕上塘的小巷里。巷子里有许多卖古玩和做旗袍的小店，它们与石库门、马头墙、漏窗等一道构成了小桥周边独特的风景。少年时喜欢站在南桥上，看上塘、下塘，看酒库弄、宋经桥，这些小巷纵横交错，掩映在高大的古树浓荫下，一扇扇紧闭的大门、一块块青石板、一颗颗鹅卵石，从南桥延伸向远方。而如今的我轻抚着南桥因年久而变得斑驳的桥身，石头里有野草悬垂下来，临水的野花倒映在碧波里，仿佛是一个个地老天荒的传说。

如果说南桥如缘坡之竹般高雅，那么中桥就若春田之苗般热闹。

陆慕中桥地处陆慕老街，记忆中它的桥体庞大，桥身宽阔，它也是一座石拱桥。桥体连接着石头路，伸向城区，通向古今，弥漫市井，辉映大千。它是我上学的必经之路，放学时，车水马龙，自行车铃声、孩子的欢笑声、人们相互的招呼声和混着的吴侬软语，到处充满着恬然自乐的居家生活气息。最喜欢在桥下吃一碗热乎乎、鲜得"眉毛都要掉下来"的小馄饨，挑开门帘，面容娇巧、宛若芙蓉的老板娘早已用青花瓷盆为我们准备了一道道美食。吃完馄饨还可以沿街去看"御窑"特产的蟋蟀盆，到"朱家老店"剃个头，到"阿六糕团店"带点糕点回去。弄堂里更是有不少老人在打牌、喝茶、聊天，这些举止优雅的老人，在他们密实收藏的记忆深处，又有多少繁华往事。

走到陆慕北桥就到我家了，北桥狭长如天堑，桥下元和塘的水到此立刻变得热闹起来。一到太阳西下，农家的炊烟升起，站在北桥上你好像身处在交响乐大厅里，汤锅里炖着的土豆排骨汤发出咕嘟声，烤锅上抹着甜蜜酱的烤肉发出嗞嗞声，油锅里的油条膨胀得发出吱吱声，扔进热锅里的葱蒜发出咔嚓声，那个美呀。北桥像个老者，历经风雨，阅尽世态，护佑家人。

桥，沟通南北，诉说古今，三桥并列，太平天下。似水流年，桥下走出了文徵明，走出了大丞相陆贽，走出了一代代"金砖人"，我在桥上看风景，你呢？

（此文获"记忆中的相城"征文比赛成人组优秀奖）

咏相城十绝

相城中等专业学校　朱为林

　　癸巳秋杪，欣逢"记忆中的相城"征文正举，久闻"相城十绝"盛名，心有所感，遂不揣谫陋，漫吟十绝以应。

其一：御窑金砖
相城十绝领风骚，糯韧金声出御窑。
万片方砖铺御苑，承传世代足堪豪。

其二：黄桥铜器
古法青铜失蜡模，黄桥爵鼎得之无？
编钟铸得聆天曲，欧冶亦惊绝技殊。

其三：相城琴弓
红檀马尾制琴弓，才配名琴迥不同。
携伴妙音传海外，相城弓业日兴隆。

其四：元和缂丝

传古缂丝不断经，龙袍补就故宫惊。

嘉良习得天孙术，从此霓霞幻不停。

其五：水乡草编

招妹好婆手艺灵，柔棕蔺草叶青青。

巧编芭比鱼虫活，彰显水乡特色名。

其六：陆慕泥盆

唐玩蟋蟀宋玩盆，陆慕泥盆远近闻。

袁氏堂中新品数，精雕巨画巧无痕。

其七：苏派砖雕

承传砖雕有九龙，一鸣镂锲鬼神工。

巧思意匠层层出，花鸟栩栩韵无穷。

其八：太平船模

梦谒鲁班传锯斧，海林巧手做船模。

馆陈舴艋连楼舰，建党红船破众魔。

其九：渭塘珍珠

名镇渭塘淡水珠，珠圆硕润美如姝。

五湖商贾频来往，宝石城中待价沽。

其十：阳澄渔歌

滟滟澄湖蟹正肥，渔歌阵阵绕船飞。

莲花岛上闻天籁，赢得黄莺和几回。

（此文获"记忆中的相城"征文比赛成人组优秀奖）

最暖故乡情

此情漫漫无绝期

渭塘第二中学　易艳

那一年，夏花绚烂的季节，你我相识、相知，结下这一生不解情缘。

——题记

江南地方，小镇风光，你遗世而独立，出淤泥而不染，日新而月异，如一朵清雅芙蕖，却绽放得那般妖娆艳丽，引诱世人前往采撷。

数千年前，伍子胥一句"相土尝水，象天法地"定下你的名姓——相城。自此以后，你便浅笑微扬，素手织就这魅力相城。也许是昔时范蠡散尽家财、不谋官名只求逍遥自在的思想牢不可破，以致你一直都是这样的清俊，甚至有些"落伍"，不贪恋浮世美名，不然为何你明明占却阳澄湖水域三分之二，却还是被昆山抢了先机？又或许是西施凝泪成珠的柔情对你影响至深，以致你一直如水温婉而莹澈，荡涤着相城人的思想，升华着相城景的灵韵……

那时的你，用含苞墨莲般的笔尖书下这墨香氤氲的厚重历史，留下片片黑白分明的回忆。

今日此门中，你在洗尽铅华后古朴依旧。清晨，你是家家户户烟囱里袅袅升起的炊烟，在碧蓝的天空中舞出新的一天；日中，你是忙碌人们脸上的汗水，刚体验了工作的辛勤，又悠悠淡去；日暮，你是天边五彩的云霞，周身的霞光指引着晚归的行者找到家的方向；星夜，你是小桥下汩汩流淌的相城水，忙碌的行人终于有了闲暇顺流而下，赏星观月。你依旧在这江南烟花之地不变初衷，浅笑悠扬。

此时的你，是一朵白莲，韶华老去，青春依旧。

明夕何夕？你是否清雅不改、古朴不改？你是否依旧守得住寂寞，耐得住长远？你是否还能够恬静不变、幽深不变？呵，我的相城，我盼望着你的改变，却又期望着你不要改变。我想看见你如地图上所显现的凤凰一般振翅翱翔，却又不想你为了飞翔自毁双翼；我想看见你明亮这江南，却又害怕你太过耀眼刺伤双目；我想看见你登上峰顶，却害怕你再不是我记忆中的相城。我的相城，你让我好矛盾，但我信你，相信你不会在日新月异时忘记初衷，浑浊了自己。

彼时的你，一定会是一朵妖娆绽放的红莲，野火烧不尽你的沧桑、你的清隽、你的妩媚，却将你锻造得更加凝练。

我似乎穿越千年时光，只为来到这里与你相恋，寄托我的满腔情思。我在回忆里、在朦胧里、在害怕里，固执地将你变成永恒。

（此文获"记忆中的相城"征文比赛中学组一等奖）

有美一人　婉约清扬

陆慕高级中学高三（8）班　吴熙

伫立于江南的灵土，仰望冥冥天空，风烟俱净，澄澈得似一汪清水。而相城，就如同一位美人，宛在水中央。

美哉，相城！你犹如一位女子，豆蔻年华。你，一座典型的轻烟淡水的南方城市：春日，几处早莺争暖树，红杏枝头春意闹，春透帘栊；夏日，轻解罗裳，独上兰舟，看映日荷花的壮美，赏鱼戏莲叶的情趣，浅笑低吟；秋日，细雨梧桐，清秋飞雁，淡菊飘香，携一丝寒意，于东篱悠然浅斟独酌；冬日，薄雪如银，伊人似雪，小小的绿芽蛰伏在冬的寒意之下，只待一缕春光，便勃发出一世的绿意。在你这里，四季的风景永远雅致、永恒。

美哉，相城！你犹如一位女子，碧玉年华。如叶的小船穿过一座座古老的石拱桥，调皮的船橹的咿呀声混合着水流被划动的叮咚声，构成了细声轻语的"社戏"。坐落在两岸的一排排被岁月熏黑的粉墙黛瓦，似片片鱼鳞，爬满了青苔。散落在檐头屋口的蛛网在微风轻柔的弹拨下，似乎也能奏出绝响。热闹的街巷，不时飘来月牙小鼓起承转合的轻击；温馨的民居，不时传来苏州评弹平平仄仄的演绎。在你这里，年轻的活力正在迸发、跳跃。

美哉，相城！你犹如一位女子，桃李年华。渭塘的珍珠，天然的雕琢；

湘城的刺绣，沉静的创造；黄桥的烧饼，世代的传承；北桥的绝岭寺，历史的积淀；阳澄湖的大闸蟹，不老的传说。所有的个性、所有的美好都犹如一颗颗被光阴打磨的玉雕，散发着阵阵温润的古韵。而那一条条老街，就像是串在玉雕上的红绳，承载着一代又一代人的记忆。在你这里，古今的文化正在交织、成熟。

美哉，相城！你犹如一位女子，花信年华。沈周——一个居家读书，追求精神自由的闲人；一个学识渊博，毕生未应科举的书生；一位吟诗作画，开创吴门画派的大家——这样的文人雅士就这样喜欢"偏安"于苏城一隅，也不断为古老的你增添着情趣与恬淡、洒脱与厚重。哦，相城，相城！身在你的怀抱，禁不住轻声呼唤着你——为你拥有着水乡的曼妙别样，为你丰富着苏城的深厚底蕴，也为你勇敢踏出了发展的脚步，展开了腾飞的翅膀。时代广场业已建成，轻轨二号线开通运营，杜甫诗中的"广厦"鳞次栉比……人们在你这块宝地上辛勤创造着财富，热情播撒着文明，幸福享受着福祉。在你这里，传统与现代正在碰撞、渗透。

有美一人，于淡淡的荷香中浅笑，若蜂蝶轻舞于江南水墨之中，婉约清扬，其名曰"相城"。

指导老师：金国桢

（此文获"记忆中的相城"征文比赛中学组二等奖）

古戏台

陆慕高级中学高三（10）班　刘奕琳

微雨江南，最是朦胧。微雨下的相城古戏台笼罩在淡淡薄雾中，隔着百年的婉转柔肠，隔着百年的沧海桑田。

雕梁画栋，飞檐翘角，不卑不亢，仿佛永恒静坐的老人。淡灰色的砖瓦被雨渗成深色，粘着湿湿的情思。缓缓地，雨水顺檐流下，似乎是落在相城人的心底了。

古戏台下迷迷蒙蒙。也许摇摇曳曳出一位深闺小姐，水袖拂风步香闺；也许从深处传来吟诗声，白面书生，负手而立诉缱绻。小小的戏台上轮回着爱恨情仇、风月轶事。当年的看台下，是否站着痴痴的看客，将台上的才子佳人想成自己的模样，低低浅浅地唱，心心念念地想？

曾经繁华，如今已不见了人群熙熙攘攘的模样。雨中的古戏台在时代散场之后孤寂地守在原地，在沉默的历史中渐渐聚敛、淡去。不由得想起辛弃疾的那一句："雨榭歌台，风流总被，雨打风吹去。"几经流转，往昔不再。

是啊，一座戏台不能覆一城繁华。

花卉植物园，荷塘月色公园相继建起，太湖稻城、油菜花海引人驻足，阳澄湖旅游度假区、高铁新城已成后起之秀。从省级开发区的春潮涌动，到中心商贸城的星光熠熠；从中国珍珠宝石城的漫天朝霞，到蠡口国际家具城的璀璨霓虹。一幢幢高楼建起，关于城市和未来的理想也变得清晰起来。

然而，是否这一切都必然预示着古戏台的衰败呢？是否在城市的这一隅，古戏台最终只能走向灭亡？当然不是。

时空变迁，沧海桑田，人心变幻。古戏台能从几百年的风雨中完整地流传，始终离不开上善若水的相城人用心地修复与维护。古戏台的沉默就仿佛是安睡的婴儿，栖息在城市的内心，始终保持着亘古的温暖与最真。

无论是古寺梵音，还是名人墓冢，抑或是一块石碑、一个老镇、一座戏台，它们无声不语，却在日新月异的今天默默守护，将相城独树一帜的文化标志和历史精雕细刻融入生命和灵魂之中。于是，古韵今风，从此流传。

细雨中的古戏台显得沧桑，但也许更多的是岁月的沉淀，是人文的沉淀。

"三日绕梁吴歈惊月殿，七弦流水翠袖舞人间。"这一副联语细数着当年的风流，照见隔海前尘。

耳边吹起微凉的风。我突然懂得，也许，穿梭于世，情埋于心，也是一种幸福吧。

指导老师：杭英

（此文获"记忆中的相城"征文比赛中学组二等奖）

水·缘

陆慕高级中学高三（10）班　范佳敏

风梢携了几簇暖香，翠色伏柳顺风摇曳，河水彼岸微光明灭，隐于喧嚣。

翠微深处，细雨沾衣，都是与水有关。

果真，水与相城，是命定的姻缘。相城的水，弯弯曲曲，把我引向记忆中的美好。

渔舟唱晚，雁阵惊寒，云销雨霁，彩彻区明。阳澄湖，似是被遗落的一块美玉，静静地落在相城的东隅。往昔晴日，泛舟湖上，潮平岸阔，阳光似星火，转瞬消失。微风过处，波光粼粼，两岸风物随湖水荡漾。落霞与孤鹜齐飞，秋水共长天一色。黄昏之时，渔船从霞光中点点地归来，渔夫们疲倦而满足的笑容，像紫色的火焰，同霞光一同燃烧着。蟹秋之叶，孤月残星映着莹莹船火，渔夫们的木桨插入水中，轻轻拨动，溅起一朵朵、一层层的水花，犹如古笛中的狭小音符，带着收获和希望。那时记忆中的阳澄湖是少年时的优美画卷。江树湖波绕相川，时空于湖面中辗转，盛泽湖的清丽、太湖的渺远、阳澄湖的激滟，似数不尽的汀州烟云，看不腻。

相城的水是绝离不开古桥的，那亘古传来的江南岁月，在石桥与水的缠绵中，柔柔地化作一团，从掌心中流过，就像指间的流年。

红阑干畔，白粉墙头，桥影媚，橹声柔，清清爽爽，静静悠悠。岁月湮远，朝代递嬗。小桥下的流水，缓缓地流过生命的经纬，青砖黛瓦，诉说着其特有的风情。半轮艳红的落日每日用痴痴的双眼，凝视着。这流水，绿得靓丽，绿得深邃，似用青草酿成的酒；这流水，流得清幽，流得缓慢，似一位缓缓踱步的老人。桥边垂钓的老者端坐成千年不变的石雕；一旁嬉闹的孩子，口中哼唱着吴越古老的歌谣；还有那些长发及腰的女子，笑颜如花。清淡的水，舒张着、荡漾着奔过古老的石桥，与它一起，永世守着一脉默默的风情。相城桥头，流水似清梦，和着垂手而立的白衣男子和撑着纸伞的青丝女子，汨汨地似相城的水流从心间流出。

是这样的水孕育了这样的人吧。"愁肠万曲温如雨，才情俊秀谁与堪。"品茗对弈，如伯牙觅得知音之欢，你是含蓄温婉的，就像这江南的水一样，给人留下意蕴以留想。相城的男子用水性顽强的铮铮铁骨，留给后人怀想的坚强背影。

雨总是倏地就落下来，我握着雨伞，听细雨落在伞上。相城的水走了几百年，与记忆等长，一座无瓦的公寓在深处等它，一盏灯在楼上的雨窗里整理青苔与新城深深浅浅的记忆，风黏着雨和我的期待。

待须眉和肩头白尽时，还留一片水土。

指导老师：杭英

（此文获"记忆中的相城"征文比赛中学组三等奖）

小车摇晃的时光

陆慕高级中学高一（11）班　朱远其

记忆中全部的相城，是那段在小车上摇晃的时光。

小时候父母工作忙，便把我寄放在桥下一位姓许的阿婆家。那是典型的江南小户人家，一眼便知是上了年头——粉墙已经剥落，露出水灰色的里墙，黛青的瓦檐，也已长满了青苔，却依旧透出浓浓的水乡味道。

屋子里的陈设究竟是怎样已经记不得了，只是那被土灶熏黑了的墙面，也许至今还留着我闲来时候的涂鸦制作。每当这时，阿婆也不责怪，只是操着吴侬软语，耐着水一般的性子劝说着。

兴许是怕我关在屋子里闷得慌，又或是怕我再破坏墙面，阿婆偶尔会蹬着小三轮带我出游。不知是她上了年纪，还是那小车上了年头，小车总是摇晃得厉害，坐在里面总是不舒坦的，可小车外的风景是迷人的。

桥下的小集市是热闹的。修鞋匠总是提着一个木头做的工具箱，看上去格外笨重；小摊贩总是在面前摆一个矮凳，上面放上一个木盒，盒子被分成若干格，里面摆上形形色色的玩意儿，有时，上面还盖一块玻璃；偶尔，也能见到流浪汉，背着肮脏的大麻布袋子，里面不知道装了些什么。还有那应该叫做"南京麻花"的小零食，虽然又干又硬，但那香味却着实诱人！

那时候的记忆里没有"相城"这个概念，只是觉得小车外的景色真实得可爱。

上小学以后，因为学校离家不近不远，三轮成了最佳的代步工具。虽然比儿时阿婆的三轮牢固了许多，但因为仍是人力的关系，依旧摇晃得厉害。

那时小车外的风景，是路边的招牌。红的绿的，从烟酒店到小餐馆，从瓜子水果店到裁缝布艺店。并不宽敞的人行道，也常常被路边摊占领。那时候还不知道什么苹果、微软，手机的功能也只停留在打电话而已。那时候心中最大的企业，是马路对面有着乳白色墙壁的罗普斯金。

三轮摇晃了六年的时光，我在成长，相城也在。

上了高中，父母开起了汽车，鲜有机会在三轮上摇晃。偶尔骑着"捷安特"轻松地超过那依旧摇晃的小三轮，经过那些熟悉的街道，才发现小店大多换了装潢。看着身后慢慢摇晃的蓝色三轮车，忽然有一股悲哀和怀念涌上来。

儿时阿婆的小三轮、桥下的小集市、桥洞里住着的流浪汉、人行道上的小摊贩……我忽然格外地怀念那段小车上轻轻摇晃、无忧无虑的日子。

抬头，看见马路对面依旧挺立的、乳白色外墙的罗普斯金。还好，有些东西，从未改变。

相城于我，是一段时光，小车上，轻轻摇晃的时光。

（此文获"记忆中的相城"征文比赛中学组三等奖）

梦里水乡

春申中学初三（1）班　汪欢

青石板桥静静地卧在那碧河之上，细长的枝条在水面轻轻拂过，船儿推开层层波浪，驶向远方……

记忆中那是我来这里的第一个秋天，爸爸带我去了老街的小河边。那个清晨，柔和的阳光在清清的河水上洒下片片金光，远处，有几艘小船漂浮在水面上。

我闭上眼，深深地吸了口气，享受着这清晨的温情。许久，听见爸爸在唤我。那边，爸爸已经租了一艘小船，我飞快地朝爸爸奔过去，迫不及待地跨上船。

这时，船开始剧烈地摇晃起来，"小心！"一声苍老的声音在背后传来，船也没有先前摇晃得那么剧烈了。我抬头一看，只看见了一个佝偻的背影。那是一个老爷爷，虽不至于白发苍苍，却也没了昔日该有的矫健。他穿着深色的布褂子，熟练地拿起竹篙，轻轻往岸边一撑，船儿就缓缓地开动起来了。

我坐在船艄，细细打量着周围的景色。这小河两岸的房子是在镇上很少见的，简简单单的两层楼，不高，屋顶四周略微翘起，青黛色的瓦块盖在屋顶上，也许是经历了太多的风风雨雨，房子的墙上斑斑驳驳，露出那黛色的石块。那是一种无法用语言去形容的一种破败，但却也有着一种无法用语言去描绘的韵味。

远处，依稀有几个女人在河边清洗着什么；身后，那一扇扇门也肆无忌惮地敞着；几个孩子在巷子里追来逐去，隐约可见他们活泼的身影，不时传来阵阵清朗的笑声……

船静静地前行……

忽然，一座石拱桥映入我的眼帘，那是由一块块大石头直接堆砌而成的，不加任何修饰，参差不齐，给人以一种最自然的感受。刹那间，我想到了那个曾经养育我的地方，不也同样是这般吗？

"好看么？"爸爸突然问我。

"嗯。"我点点头。"为什么呢？"爸爸问了我一个很奇怪的问题。"呃……"我愣了，"因为……因为我觉得它很美。不过至于到底怎么个美法，我也讲不清楚，反正就是美……"

"嗯，很高兴听到这个答案。"

我对爸爸的话感到十分疑惑："爸爸。"

可是爸爸却似没有听到我讲话，眺望着远方。

回家时，爸爸开车穿过那繁华街市，那一幢幢高楼大厦，是那么地整洁，却又是那么疏远。阳光照在那玻璃幕墙上，反射出它无尽的光华，也许那一扇扇窗户下都藏了一双双雪亮的眼睛……那一刹，我好像明白了爸爸的话。

现在，城市在不断地发展，曾经的一切都被那些高楼大厦所代替，习惯置身闹市的我们，骨子里却蕴藏了无边的寂寞。昔日的小桥流水、粉墙黛瓦虽平淡无奇，却能够让我们感受到美的存在，填满心中的空虚。

那朦朦胧胧的感觉，是对曾经的丝丝牵绊。也许，只有那镇子深处的老街，才能让我感觉到曾经江南水乡的蚀骨柔情……

（此文获"记忆中的相城"征文比赛中学组三等奖）

阳澄湖边，慢慢走啊！

陆慕高级中学高三（12）班　李倩云

　　或许你不曾邂逅夕阳红霞笼罩下的阳澄湖，晚归的渔船，满载着余晖，悠悠地向岸边驶来；也不曾体味 8 月芦花开时，湖畔纷飞的洋洋伞兵与来自渺远对岸的风呢喃细语的绵柔细腻；亦不曾寂然立于千年观桥上，无数次地抚摩时光带给她的斑驳，细品岁月给予她的沉淀，闭目倾听桥下偶尔的桨声，听闻它们欸乃远去，与夕阳化在一处。

　　然而正是这些占据着我的记忆，它们无数次地出现在我的梦里，每令我为之动容，踯躅心头久久不散的，恰是记忆中的相城——如流水，从远古潺潺静淌，向每一个相城人娓娓道来——它从历史长河中流过，一路风景旖旎，却只愿停驻这一处，守护这一方净土。我愿掬一泓清泉，捧一抔黑土，亲吻它滋养的一切。

　　曾读过《山塘走笔》，写到山塘木门前伏在木桌上悠闲剥蟹的中年男人，不紧不慢，儒雅平静，表现出女子的细腻与老人的淡定。北方人自然是不解的。"秋风起，蟹脚痒，菊花开，闻蟹来"，阳澄湖的大闸蟹是令人难以抗拒的。蟹农劳作一天后，三三两两聚在渔船上，小酌一杯，吹阳澄湖的风，安详地剥起蟹来，时而谈笑风生，不时地，湖边的芦苇摇曳着。这是相城人特有的情怀，享受最生态的慢生活。

这样的情愫与场景和风雅之士自古便有不解之缘。范蠡助越王实现霸业后毅然决定带少数细软归隐，也不去别处，只停留在相城，与西施泛舟湖上的佳话流传至今。唐寅之师沈周终身不仕，却也不远游，在阳澄湖镇辟有"有竹居"，一时名流四大才子时相过从。冯梦龙用糯糯的软语充斥他文学的天空，他在此作下的"三言"成为中国文化宝库的瑰宝。遗憾的是，终究无法用我拙陋的语言细说出相城的灵秀，但它着实让无数文人墨客为它倾心驻足。它不倦地滋养了一代又一代的子民，它给予我水的素净涵养、湖的广博胸怀、风的恬静气质，我不禁常怀感恩。

每个人年轻的时候总愿走遍世界每一个角落，然而即便曾为湘西凤凰古城惊叹，为山清水秀的丽江欣喜，在布达拉宫前虔诚祈祷，为香格里拉的绮丽所折服，总是比不上家乡的素雅叫我魂牵梦萦，心头难免带一丝淡淡的乡愁。哪怕以后身在他乡，听到家乡的歌谣也会湿了眼眶，它承载着太多的记忆。

我只愿能短暂地陪伴你一辈子，我的相城！

（此文获"记忆中的相城"征文比赛中学组优秀奖）

相城情

阳澄湖中学初二（6）班　严清扬

相城，似水佳人般，安安静静地坐落在这南方的一片水土之上。我就是生长在这片土地上的孩子，相城就像母亲一样，温柔地看着我慢慢地成长。

她不语，却让人感受到她的内心。

相城的水是温柔的，把我轻轻地放入水中，以为我很轻了，却还是晕开了一层一层的涟漪，好似美人笑出的酒窝，煞是好看。那高出许多的台阶，原本应该棱角分明的，抚上去，却光滑圆润。努力想象着它原本应是如何的锋利，怕是刺痛了这水，但水却没有丝毫的痛恨，更没有如何地报复它，却用了千年时光温柔地抚平了它锋利的棱角，让它一并变得温柔起来了。睡莲映出了这秋月，也映出了我的脸，一阵阵的水波朝这边涌来，是在叫我回家吧！风掠过了发丝，吹响了银铃，发出了叮叮当当的清脆的声响。这水随着那风温柔地抚上了石阶，就这样温柔地走过了几千年的岁月。

她不语，文化却从她这里源远流长。

在历史上，相城也与许多的名人有关联。春秋时期，伍子胥便选定了相城作为吴国的都城，因"相土尝水，象天法地"，便取名为"相城"。如果没有这位老前辈，也许相城便不叫相城了。记忆中老师讲得最多的人就是沈周。沈周，吴门画派开创人，他是明代杰出的画家。这位老先生的大多数作品都是描写南方山水和园林景物的。我想，这可能与他生长在江南，从小便受到江南文化的熏陶有关。他一生在家中饱读诗书，有时也优游林泉，连我也不得不为之羡慕啊！相城也和其他江南古镇一样，自古以来便是烟雨濛濛，我想可能是因为这点吧，使得沈周也有如这濛濛烟雨一样，平添了几分不食人间烟火的味道。也难怪文徵明称他为"神仙中人"。

说到相城，我便想起了我家的那口井。

一个夏夜，我趴在井沿向下看，看到了一个模糊的黑影和一方美丽而璀璨的星空。咦？怎么天上的星星跑到水里来了呢？我的小脑袋瓜里想着，坐在桂树下纳凉的爷爷好像知晓我的疑惑，轻摇蒲扇道："傻孩子，星星怎么会跑到水里来呢？那是星星的倒影啊！"我似懂非懂地点了点头，睁大眼睛看着井里的"星空"。盯了一会儿，眼睛特别酸，可我还是拼命地睁着眼睛。眼里渐渐有了泪水，最后还是眨了一下眼，泪珠落了下去，飞快地睁开眼，看见的是泪珠落入水中的那一霎，星星被分裂成了许多细小的碎片，随着泛起的涟漪一荡、一荡……散发着与刚才不同的、炫目的美。扑鼻而来的桂花香，浓郁、霸道，顷刻便占领了我的嗅觉，这香味让我不禁想起了桂花糕的滋味，舔了舔干裂的嘴唇，又摸了摸圆滚滚的肚子。嗯，如果有的话，我一定能再吃个十块……

记忆逐渐变成了一段泛黄的老电影，那些悲欢离合，那些曾经无忧的年少，那些所有在秋风中绽放的月桂，都以一种永不衰老的完美姿态存活在记忆里，停留在离我最远的地方。

在那么一瞬，古井、桂树、星空，全部都裂成了记忆里的碎片，存放在时光的匣子里。现在，一切都变了，爷爷已经驾鹤西去，去了西方的极乐世界，而那些桂树、那璀璨的星空也像是被一并带走了似的，一个个地，从我的眼前消失，永远地消失。

我站在古井前，像儿时那般，向井中望去。恍惚间，仿佛看到了千年前的自己，撑把油纸伞，明亮的眼睛望向井中……闭上眼，想起了一首小诗，缓缓地吟诵，像吟诵千年前的旧章。往事如烟，烟雨如尘，一阵风，吹散了烟雨，亦吹散了往事。心中坚定，那么我便不会因为回忆而停留在原来的地方，既然人生是一条单行道，不可回头，那么便勇往直前吧！

尽管我不知道前方还有怎样的荆棘与困难

尽管我不知道结果会是怎样

但我依旧会站在这条路上

哼着小曲，迈着步伐

我只相信，坚持信仰的人会有天堂

我们的梦想，终有一天会在幸福的彼岸

——绽放

这，就是我的故事，我的相城！

（此文获"记忆中的相城"征文比赛中学组优秀奖）

宁 城

相城实验中学初三（5）班　皇甫英杰

我们不知道未来，也看不见未来。但有着回忆，一份可以感觉到的、有力跳动着的记忆。它是不完美，却是唯一能够缠绕着乡情的眷恋。

——题记

记忆中的相城，是闲庭信步，幽幽静静。

而记忆中的相城，又勾得起那浓得化不开的情思。

当我沉沉地跌进这十年的回忆里，它仍然在那，任白驹过隙，不曾改变。

……

菜市场口嘈杂不绝于耳的声音，街上那卖糖人嘶哑混着忧伤的吆喝，十七寸电视机里调来调去的几个频道……最主要的是一只收音机，大概就是我童年接触世界的部分了罢。一个生长在相城小镇上的孩子，对此是无比熟悉的。那个时候，相城并非是五彩缤纷的视觉世界，更多是靠着耳朵去聆听的。所以见的最多的，也只能是这一个场景：不管大人、老人还是小孩，吃过午饭总爱搬上好几把竹凳子眯眼晒太阳，常常伴随的就是一只咿呀着昆曲或是沪剧的收音机。

外婆也是，也爱抱着一只收音机在大树底下听戏子们吊嗓。有时文化社里会有好几个说书先生，还会有路过这里的戏团，外婆永远是拉着每次都兴致勃勃的我，一老一小挤在涌涌的人流中，即使听不到、听不懂，也要去凑个热闹。

母亲一直很忙，所以我还没上学的很多时候，整个白天我都是在外婆家里度过的。外婆家里甚至没有那十七寸的电视机，只有一只需要手动调很久的收音机和一个很小的后院，这就是我能够娱乐的所有东西了。而我没有电视看的时候，就特别稀奇它们，拨乱外婆刚刚调好的频道，不小心踩坏外婆那些刚刚长出些幼芽的花草，然后换来外婆一顿心疼和训斥。

有时我会揣着母亲买菜剩下给我的小零钱中专门拨出的一部分，偷溜出去买一根五角钱的棒冰,或者对面小批发部里那令人垂涎欲滴的跳跳糖。

闲着无聊了，就去文化站里的那个老得不能再老的图书室，翻两本旧得不能再旧的小人书，与世隔绝的感觉就出来了。

还有那许许多多琐碎得不能再琐碎的小事，可以是逗外婆隔壁家的小奶猫，即使那猫明显很烦我；可以是随时准备着小篮子，听到弄堂里那种葡萄的好婆的召唤就飞奔过去，即使是在大冬天；可以是端坐好碗筷，爬上高高的背椅等着外婆的午饭，即使外婆连米都还没淘……记忆中的相城就是这样，并不发达，也不富有，就是这么静静地流淌。

　　——人间有味是清欢。

　　东坡居士的这句，是我觉得所能形容记忆中的相城最恰当的了。平淡却不会腻厌，清越而不失欢悦。

　　而我回忆这记忆中的相城的过程，辛弃疾的《青玉案》那句赫赫有名的"蓦然回首，那人却在灯火阑珊处"最适合了吧。

　　——相城就是相城啊。

　　我苦苦地以为记忆只是个定格，将来总是会大变的，原来不曾。它还是在那，任白驹过隙，世人争论，也是泰然自若。它可能披上了华美的外袍，脱去了粗布的衣裳，但它就是它，在卖糖人嘶哑混着忧伤的吆喝里、咿呀着戏目的收音机里，勾起那浓得化不开的情思。风吹树叶，永恒地美好着它的记忆。

指导老师：陆招兴

　　（此文获"记忆中的相城"征文比赛中学组优秀奖）

诗韵相城

望亭中学高一（2）班　庞昌静

记忆中的相城是冰冰冷冷的。

水是苏州的灵魂，漕湖水是相城的灵魂。

秋天澹澹水泠泠，十里湖光镜面平。红日近山霞缥缈，扁舟如在画中行。人人都爱夏天的漕湖，因为清爽的湖水能给他们驱散炎热、带来清凉。我却爱深秋的漕湖，爱它的冰冷，爱它的顽皮，爱它的声音。

每当深秋的露水打湿湖边的草地，我和朋友就结伴来到漕湖，架上烧烤架，铺开餐布，吃吃喝喝不亦乐乎。忙里偷闲时，我会掬起一捧湖水玩弄。深秋的湖水冰冷刺骨，却有一种独特的感觉，柔柔的、滑溜溜的。在我手心里，活像是淘气的孩子，从手缝间偷偷溜走。溅到湖里，激起数朵水花儿。清脆悦耳的水声恍如笑声一般，从耳边传到心间。

记忆中的相城是吵吵闹闹的。

一年最热闹的时候便是庙会之际了。

庙会的前一天夜晚，街上就搭满了小棚子，挂满了各式各样的商品。待到庙会正式开始时，人多如潮，摩肩接踵，把道路围得水泄不通。叫卖声此起彼伏，讨价还价的声音也不绝于耳。吵吵闹闹地，甚至比过年还忙活。旁边的寺里不时飘来阵阵烧香的气息，定睛一看，里面早就挤满了人，赶着拜菩萨求好运呢!

记忆中的相城是甜甜腻腻的。

"海棠糕,海棠糕——"小时候,一听到叫卖声,小伙伴儿们就都争先恐后地跑出门,用百米冲刺的速度穿过巷子,气喘吁吁地叫上一个。哪几个能吃上第一锅做的,准能得瑟个一天!

卖海棠糕的爷爷可是个做糕点的老手,用长柄的勺子舀一勺面糊糊摊在锅子上的凹洞里,熟练地加上磨得绵甜的豆沙,铺一层面糊。烘烤几分钟,老爷爷掀开盖子缀上果丝瓜仁,再过一次锅就完成了。刚出炉的海棠糕表面撒着一层饴糖,吃起来香香甜甜。

随着我年龄的增长,海棠糕也从原本的价格变到五毛,变到七毛五,变到一块。现在,那个爷爷早已推不动那沉重的车子走街串巷。于是,巷口的叫卖声和围聚的孩子一同销声匿迹,但那种甜腻到心口的味道,却记忆犹新。

相城在不断地发展,每天都在变化,也许有一天我会忘了它最初的模样,但它永远是我爱的相城,我的大相城!

(此文获"记忆中的相城"征文比赛中学组优秀奖)

相城如此多娇

江苏省黄埭中学高二（3）班　周梦

美丽的风景似乎总在远方，许多人将闲云装进行囊，将故事背负肩上，一路风尘，赴时光之约。殊不知，自己的家乡才是那个属于心灵的原乡。我的家乡相城，是一幅遥挂在江南墙上的图画，装帧着我的梦想，陪伴着我的成长。

相城，于我来说是一片美好而神奇的土地，它古老宁静而又阳光普照、欣欣向荣。站在青石岸边，萦绕在水乡的烟雾里，镶嵌在两岸的风景里，沿着诗意淡然、清新含蓄的景致层层走近，由远而近的灵气如一缕微风扑面而来，从古至今的历史也似卷古书徐徐展开，我细致地度量相城的风物人情，依然跌进河流翻腾的言语时光，触摸那些沉淀在相城水中的故事。

吴王寿梦远见卓识平天下，于是有了这座千年古城；伍子胥治水救苍生，于是有了胥江、胥口、胥王庙的美谈。有过沈周淡然的爱乡情结，还有春申君黄歇远去的背影。甚至你呼吸的时候，还会被顾恺之《洛神赋图》里流淌的墨香给呛得不敢放肆思想。那千年水墨为你洗眼净心，将人气蒸腾的浮躁过滤，只留下一片明净的天空。

刹那的交集，牵引出我的青春与梦想。柔软清淡的阳光顺着黛色瓦当流淌，眼睫闪动的瞬间，我看到那些热爱生活的相城人。有的慵懒地晒着太阳，有的聚集在一起闲聊，有的守着一壶茶独自打盹。这些悠然其乐的情景，便是我梦中的幸福。天空湛蓝，云彩柔软地飘过，在甜蜜的阳光下，我几乎要睡着了。可是又觉得喜悦在心中荡漾，让我不敢有任何的错过，只要和他们在一起，共度这一段相城的时光。

最难以忘怀的是小时候，我时常和奶奶、姐姐还有邻家的小伙伴在自家的后院，在那棵比我大得多的大树下，围坐在一起下棋。阳光透过树叶的缝隙洒下斑斑点点，我们的笑声与阳光融为一体，每个人都仿佛是那春暖花开的世界里踏浪而来的精灵。身后的小河静静地流淌，河对岸的人们边洗衣服边用温婉的吴侬软语对话，一片宁静祥和。那样的日子，总让我感到一种不设防的温柔。在这里，水乡是河流，有古老的小桥将你执着等待，有清澈的流水为你洗去尘埃。我了悟，从善如流，柔可克刚，人的胸怀应如水般辽阔。

当桥下的流水流过桥上的日子，相城的沉静温柔不会变。时光带不走相城春天的风采，也带不走相城微雨的情怀。在历史的惊涛骇浪和汹涌大潮中，在一个又一个神圣的豪情与偏狂的争闹中，在不断时髦转眼更替的巨轮和浪头之中，相城保留下来了，但相城也在发展。

珍珠湖的珍珠，明亮的喜悦；阳澄湖的大闸蟹，独特的享受；相城的企业，温雅的外表下包含着洋溢的聪明生气。相城是一种文化历史现实未来的混合体，是一种诱惑，是一种挑战，是一种补充。我坚信，相城是永远的，比许多雷霆万钧的炮声更永远。

无需更多的言语，我用青春的笔调，写下这段年华的美丽，让更多的人都可以在幸福的光阴里，闲看相城风情，叹一声：相城如此多娇！

（此文获"记忆中的相城"征文比赛中学组优秀奖）

记忆之城

渭塘第二中学　米家欣

记忆中，那一次回眸，倾国倾城的容颜隐匿在灯火阑珊处，却依旧不改你的美丽。

——题记

"蒹葭苍苍，白露为霜。所谓伊人，在水一方。"在如水的婉约和柔柔的情思中，屹立在其中的那座城，轻拂衣衫，优雅从容。

相城，美得动人，美得淡雅。

看，小桥弯弯，流水潺潺，亭台轩榭，粉墙黛瓦。青碧的垂柳，斜靠在河的岸边，慵懒随意。大片的稻田和菜畦，交互环回，形成一幅别样的织锦。淡淡的薄雾中，逶迤成一扇错落有致的绿屏风。偶尔能看到扎着麻花辫的年轻女子，在河边洗衣服，恬静的面容中有着幸福的笑容，那抹微笑，确能从嘴角扬起的弧度看到。几个年过半百的老者，一袭白衣，气定神闲地在自家的院子中打着太极，刚柔并济的拳脚有了岁月的痕迹，唯有那份淡定儒雅流淌于每个动作之间，阳光为他们笼上了一层金色的面纱。相城的闲淡舒适，让他们尽情地享受生活，活出生命的精彩。

听，雨悠然地下着，时而淋淋漓漓，时而淅淅沥沥，好似天然的琴音，婉转动听。依稀间仿佛能够听到雨水滴落在地上，与大地交相呼应。大地在雨水的洗涤下，变得更加干净，颇有"清水出芙蓉，天然去雕饰"之感。空气中带着特有的安恬，散发出迷人的清香，深吸一口气，仿佛鼻腔中都是雨水和泥土的清香味。偶尔能看到几个身穿校服的女生手捧一本书，低头细语。雨滴水灵灵的，仿佛倏地钻进了她们的心灵，一种青春的美由内而外散发开来。行人们，有的撑着油纸伞，有的则沐浴在雨水的灵动中，感受万般雨意千般诗情。正如余光中所说："只要雨不倾盆，风不横吹，撑一把伞在雨中，仍然不失古典的韵味。"这雨帘舞起了巨幅绸缎，若是裁剪一匹给大地做新衣，定能造就惊鸿之美。这忽缓忽急的缠绵霏雨，也让古朴，融进了相城。

相城的柔美，被雨氤氲得更加妩媚和清丽，但更让人记忆犹新的是她高洁优雅的内在美。慢慢咀嚼中，竟能感受时光的力量。

炎热的夏天，知了不厌其烦地工作着，知了知了地叫个不停，好像在替烈日呐喊助威。一个老爷爷在烈日下艰难地推着三轮车爬坡，细密的汗珠布满额头，手上的青筋好像山脉一样纵横交错，脸色因用力而涨得通红，皮肤也褶皱在一起。他大口大口地喘着粗气，脚上的布鞋与地面摩擦着，地上似乎都有一道道擦痕。这时，一位阳光的少年快步跑到老爷爷身边，

"爷爷，您去那边休息会儿吧，我来帮您推上去。"说时迟，那时快，少年已经推着车子向上走了。"好孩子，还是爷爷自己来推，你这么白嫩的手别给磨伤了。""爷爷您千万不要这样说，这是我应该做的。"两个人慢慢地前进着，脸上洋溢着笑容。

瞧，这不是相城人的美丽吗？授人玫瑰，手留余香，不仅给予了别人帮助，自己也得到了快乐。

雪，洋洋洒洒地下着，好像一群群振翅欲飞的玉蝴蝶，又好像圣洁的天使，将洁白洒向人间。扫大街的老人成了雪中的一景，她正专注地扫着雪花，虽然手指都冻得发紫，却依然卖力地工作着。一个笑容天真的女孩来到老人身旁，红扑扑的脸蛋就像是一位小天使，"老奶奶，我帮您一起扫雪，好吗？"女孩天真无邪的表情让人难以抗拒。"好的，丫头，奶奶带你扫雪。"一大一小在雪中飞舞，鲜活的生命，将雪融化，爽朗的笑声，回荡在天际。

脉脉情思，记忆之城，在时光中流转。那一抹微笑，那一丝脱俗，那一份优雅，让相城在时光中永不褪色，依旧美丽如斯。愿记忆中的风景一如既往地延续，温暖人心。

（此文获"记忆中的相城"征文比赛中学组优秀奖）

相城印象

相城实验中学初三（4）班　唐子鸣

"江南好，风景旧曾谙。"相城，她继承了江南水乡的所有优秀品质。对于相城的印象，也就像一幅淡笔勾勒的古风长画，慢慢地舒展在自己的眼前。

严格意义上来说，我是一个新相城人。相城带给我的印象，是一场雨开始的。那天边的雨云慢慢延展过来，轻轻覆盖了整个相城，接着，雨点淅淅沥沥地落下了……那时的我，初来乍到，对于这个新的地方，我感到不适应和些许迷茫。告别旧居与旧人，这一切让我感到无所适从。

感到呆在屋里的憋闷，我于是决定出去走走。带上一把伞，我逃出房间，来到外面。令我惊奇的是，雨并不是像我想象中的那么粗暴。它们只是轻轻地敲击在伞上，发出细小的声音。好像是在悄悄地和你说着什么密语似的。极细极密极多，但却出奇地没有给人繁杂而分辨不清的感觉。

我感觉心中莫名地舒服了许多。迈起步子，在雨中漫步起来。看着那雨，斜斜地在眼前落下，打在水塘之中，惹得小小的水塘泛出点点的酒窝。那雨轻轻地敲打临街的窗沿，细细谛听，可以听见它的柔美歌声。那雨也忽而落在我的鞋上或者是衣服上，不过，这并不让人介意，似乎本来就应该是这样的在雨中微湿。

　　我一边这样想着，从小区里走出来，走到街道上。我看着那路上往来的车辆，可是即使是车辆，也无法让人感到疾驶而过的感觉。是雨啊，那细密的雨丝把这一切都变得朦胧了。我就在这朦胧中，闻到了一股香味。那不同于幽香、清香，而是一种泥土带来的芬芳的香气。这是相城的气味吗？

　　我并不清楚问题的答案，也没人会给我作答。我感受到的，却是一种说不清道不明的温暖之感，似乎是有人用温柔的手轻轻抚摸着你，对你说："到家了……"其声音的朦胧与细小，使我再想要追寻之时，那声音已经倏然远逝了。

　　我抬起头，看看那伞笼罩之外的世界。啊！街道上，斜斜的雨丝，在来往车灯的探照下，发出闪亮的光彩。它们这样地细密，真如苏轼的那一句"春衫犹是小蛮针线"，总结出相城雨景的美妙。

　　那路边的花坛中草丛里，也被这斜斜的雨丝所照顾，它们褪去了往日里的风尘，散发出自身浓郁的甜软的光泽了。我感觉自己心里的陶醉，渐渐地融合于这雨中……

　　而突然，"叮叮"的声音从耳边响起，把我一下子拉回到现实。不知我已经在雨中闭目站立了多久。我见得有人骑着自行车从我的身边驶过。雨势不大，许多人都没有打雨伞或者穿雨披，而是走到这雨中，和这雨融为一体。

在雨伞下毕竟是享受不了这雨景的。我先前走上几步，迈进一家面馆。初春时节，乍暖还寒。我只觉得这店里腾腾的热气似乎是要把人们拉进初夏。我四下打量那仿古的装修，这样的地方在相城有很多。店主并不着急，尽管是饭点，他还是会用亲切而温润的吴语与你交谈。

我只要了一碗阳春面，并不是为了吃。我靠近那个临窗的位子坐下，面里散出的热气混合着店里的热气，如丝如缕地在我眼前升腾着、盘旋着，映着窗上雕镂的荷花图案，有着一种仙境之感。而窗外呢？那雨珠啪啪地打在窗沿上，慢慢地从窗上滑落，汇合起别的滞留的雨珠，一道向下。尽管雨珠分离又融合，却总是保持着圆润的形状，倒是叫人感叹——好一个"琼珠碎却圆"。

我看着它们顺着荷花的痕迹，从荷的叶尖流下。谁说雨是没有灵性的呢？不然，它们如何明白"圆荷泻露"的意趣？

我的眼睛虚眯起来，看着窗外那雨雾蒙蒙的世界。那记忆中的相城，是淡笔勾勒的画卷，她很美，而且安详，若幻似梦……

指导老师：沈建芬

（此文获"记忆中的相城"征文比赛中学组优秀奖）

追忆汤浜

春申中学初一（4）班　钱佳辰

外面的雨淅淅沥沥，雨点打在碧绿的香樟叶上，一滴、两滴……慢慢滑过树叶，凝结在娇嫩的叶梢，宛如一颗颗晶莹的珍珠，纯洁、无暇。渐渐地、渐渐地，在绿叶的轻颤中悄无声息地滑落下来，滑过那片纯净的空气，也滑过我心中最柔软的地方，勾起那纯真的回忆。

这是三年前的记忆！

汤浜，生我、养我的地方，它对我而言，就是哺育了我十年之久的母亲，也是我的乐土。

在我的记忆中，汤浜什么都好，春夏秋冬更是各有各的特色。

我时常会漫步在农田之间，一览四处的风景。春天，我会看到一簇簇曼妙的迎春花，柔黄的，有点儿刺你的眼，散发出淡淡的清香。它对着每一个流连的孩子微笑，对着每一只驻足的蜂蝶起舞，给我一种十分亲切的感觉。有时，我会想把它摘下来，但走近时，就会被它陶醉，它仿佛会给我灌迷魂汤，让我自觉地走开。

一路闻着花香，不知不觉中，我会来到柳树前。我会兴奋地摘下一根柳条，结成帽子，戴在头上。几个小伙伴也会凑过来，学着我的样子带上"柳条帽"，然后在各自的脸上涂点泥巴，打打闹闹，活像一群小野人！

过了一会儿，我们看着水中狼狈的倒影，会心地笑了……那爽朗、清脆的笑声在田野间久久地回荡……

夏天，最喜欢的就是吃棒冰。几个小毛孩，光着上身，黝黑的皮肤在太阳底下闪着光芒，拿些许毛票，蹦蹦跳跳地来到村口的小店前，眼睛直勾勾地盯着冰柜里的棒冰。"我要绿豆的"、"我要红豆的"……七嘴八舌，"给我"、"先给我"，仿佛最先吃到棒冰是一件莫大幸福的事情。来不及撕光棒冰的外衣，迫不及待地伸出长长的舌头，狠狠地舔上一口，那凉凉的惬意至今让我念念不忘。炎炎太阳，还没来得及把化成的水舔掉，棒冰水就已经滴落到胸膛、滴落到短裤上了，回家也免不了一顿骂。但是，我们乐意啊！

正当我被骂得狗血淋头时，小伙伴们总会来叫我："嘿，小子，一起去游泳吧！"听到这话的我会不顾一切地跑出家门，身后留下妈妈那一长串生气的责骂声。"扑通"跳进水中，比比谁游得快，谁憋气的时间长，小河成了孩子们的世界，水花四溅，笑声四溅。当时的河水是那么清澈，那样地使我留恋！

秋天，是庄稼成熟的季节，满眼金黄金黄的，微风吹过，漾起一道道波纹。偶见天空鸟儿低飞，我便会在田埂上疯狂地追跑，仿佛置身金色的海洋之中，乘风破浪，追寻远方年少的梦。过了些日子，农田里，就会经常看到一大群人在弯腰收割庄稼，额头挂着汗珠，嘴角漾着微笑，形成一道亮丽的风景线。偶尔我和伙伴们也会去帮帮忙，提着竹篮，跟在大人后面捡捡稻穗，虽然会很累，但我们总会带回一大堆"战利品"，这可都是我们的战利品啊！

冬天，最喜欢的就是下雪了。江南的雪没有北方来得蓬勃纷飞，偶有的小雪便能激起我说不尽的喜悦。记忆中的冬天着实下了几场雪。雪后晴天，当粉红的阳光洒满整个庭院时，我们会从家里搬出一只小凳子，坐在上面，用雪做成一堵"围墙"，来抵御对手的攻击。我们也会把雪做成雪球、匕首、手枪等各种能想到的东西，然后手里拿着这些东西，把自己想象成无畏的战士，与敌人做"斗争"。这种"斗争"一般都是做做样子的，因为雪很脆弱，如果用力过猛，雪就会散得到处都是。"斗争"结束后，我们还会品尝雪的味道：这个是巧克力味的，那个是香草味的，哦，还有这堆，它们是牛奶味的……即使没有味道我们也会瞎编，把它们想象成各种各样的美食……

光阴似箭，我在这个母亲般的小村一晃待了十多年，欢乐时光已不复存在。终于，我要离开这儿了，我是多么地不舍啊！

又是一个秋雨天，雨丝缠缠绵绵，剪不断、理还乱。远处迷迷蒙蒙，香樟树的影子越来越淡，越来越淡……我再也忍不住了，泪水迷蒙了我的眼睛，哦，我真的舍不得离开这儿啊！

多少年过去了，汤浜，或许你已不再年少，但你永远是我的回忆，最珍贵、最美好的回忆！你将永驻我心，我也将永远把你珍藏！

指导老师：刘明

（此文获"记忆中的相城"征文比赛中学组优秀奖）

流水在回忆中奔跑

相城实验中学初三（2）班　曹馨怡

清晨的雨从黛色的屋檐上滴落，砸在青砖的路面，跳出了相城的节奏，温婉、平静、绵长。仿佛是黑暗中的点点清亮，一滴、两滴，晕染开了记忆中的相城印象……

若苏州是含蓄微笑着的江南女子，那相城则是她的眼眸，清澈而灵动。在江南的星目中，我望见的是一汪湖水，孕育着相城的灵魂。它是相城的水，它在四季的轮回中静默着，它在风雨的敛动下轻吟着，它在阳光的温暖下积蓄着……它在无声的黑夜流入小巷，在某个辰光里，映出路过少女的莞尔一笑。

晨曦随着流水探寻着前进的方向，它踮着脚尖闯入弄堂，撞上的却是婆婆随时绽放的笑，如春日里朝阳的花朵一样。婆婆清早便起了，搬着板凳在井边洗着衣物。她的手浸入盆里的水中，好似触着温润的玉石。清澈的水漫过她的手背，欲把那上面蜿蜒出的褶皱一条条抚平。婆婆娴熟地搓洗着，用力的摩擦之中我听见的是旺盛的生命力，感染着日子里淡淡的评价。

天空时常留给相城一个长久的夕阳。河流边依傍的大树下围坐着一个爷爷和几个玩笑的孩子，孩子们托着下巴听爷爷用花白的须发讲述岁月遗留的时光，或是顺着水流用目光去追逐剩余的阳光。岁月走后，我不知又会是谁坐在树下，在藤椅上摇着蒲扇回忆时光，或许眼角还会闪有不忍落下的泪光。

小巷里的流水，在多少的风雨之后积涨着水位，浸泡了岁月的它不知藏了多少微笑、多少相城的味道。记忆之中早已分辨不清是相城如水还是水孕相城；也已分辨不清是老人的脸庞还是孩子的微笑；再也不想分辨清楚我脚下是否是相城的一方，因为它的路，早已遍布在我心上。

记忆之中的相城在一步步蓄势待发，眼前似可看见它用百年的沉淀冲击着世界的每一个角落。我记忆中的相城，亦会成为每个人记忆中的相城。它融汇着苏州的底蕴，憧憬着前方的世界，在这个喧嚣的世界里，独自温婉、平静、绵长着……

指导老师：陆招兴

（此文获"记忆中的相城"征文比赛中学组优秀奖）

回忆是苏城夜空的流光

陆慕高级中学高一（8）班　潘云婷

捉不住的天边的那点星辉，回忆的城像灯光下的舞者，美轮美奂，宛若天空之城。

故乡的小镇小街一条一条连接成最亮的一点。苏城最令我着迷的地方不是巍峨的虎丘塔，不是天平山晚霞一般的红叶，是我所在之处，是我们的相城。

大概是太多乡情被寄予，我深爱相城，深爱，深爱几乎偏爱。并不是不爱山塘烟雨园林画，只是相城的美离我更近，也许没有太多诗词赞颂相城，我依旧偏心亲切的它。我是真觉得它美，温柔的那种美，母性的美，平常而实在的美。

如果你走向十五年前的相城。当靠河的那家民房还是一片绿田，那时的相城是绿色的相城。穿着蓝碎花布的老奶奶弯着腰照顾着田里的水稻，小雨绵绵落在她大大的斗笠上，一会儿化成她眉眼间幸福的汗水。田垄上扎着羊角辫的小女孩带着村里的花猫，唱着多久没再响起的童谣追赶着蹦跳的青蛙。村落还是黑瓦沾着青苔的顶，桃花相映，那时雨，那时相城，是女孩栽下的小树苗。

十年以前，我最怀念的那座石头老桥傍晚里弯着腰，过桥的人啊，鞋上沾着泥泞的老爷爷们推着大轮子的旧自行车哈哈谈笑，车上还绑着一支铁锹；挖来菜的村妇还穿着那样式样的蓝碎花围裙，提着绿油油的菜蔬匆忙走着回家做饭；还有刚放学的小丫头，那一天第一次带上胸前的红领巾，背着大书包快乐地蹦上黄昏的大桥，分明看到大桥像她已故的爷爷对她招手骄傲地笑。

八年以前，河岸边绿柳成荫，老桥还是立在那里。滩头有几个八九岁的少年叽喳着，拿着旧盆旧网投入地捕鱼，花猫坐在盆边，不停舔舔嘴唇把毛毛的爪伸进盆中的水里，不一会儿又做贼心虚地拿出来。还有一个孩子专门放哨，生怕午休的老人一醒，就破坏了他们这人生第一大乐事。

五年以前，小巷里的石子路铺上了水泥，终于不再绊脚，老旧的围墙被白漆换上了新容貌。遗憾却在那一年，老桥再也支撑不住岁月的侵蚀，只是空留空荡荡的石桥架凌空立在河面上。人们在老桥边架起了漂亮的新桥。新桥又开始一年一年为人们弯腰，辛劳着，虽是一样弯弯的桥面，村民们感激之余，踏上它，却始终找不到那年的感觉了。往后日子还是过着，人们渐渐把陌生转变为亲切，新桥融进了村子的一部分。人们便把对石桥的那份怀念悄悄地藏在了心里。大家在桥上见面时、谈笑时，谁都知道大家心里还有一座不曾忘记的老石桥。那一年，小女孩和石桥的告别礼浸润在如旧的潇潇暮雨里。这怀念终究变成的是村民们美丽的记忆，是大家心中的美好情愫，是对相城小镇的爱。

记忆如此，再不必说阳澄湖是相城的明珠，大闸蟹扬名世界。相城不仅有如此大美，还有存在于每个相城人民心中的平时亲切的美。娃娃脸长成俊美少年，小树苗如今大概也正步入青春，相城的成长是所有人亲眼目睹的。相城的成长记忆是所有人所珍存的宝贵的故乡记忆。若说这记忆是一幅美画、一片璀璨的星空，那么每个小镇、每条巷、每个人，或是那只绿眼睛的花猫，都静静地把自己的成长融入了那记忆里吧。每个人与故土都有着每个人的故事，每个人心中都有一个相城。

苏城夜色里万家灯火，我想把自己带入那记忆中的相城。我仿佛听见老石桥慈祥的呼唤："来，在这里，灯火明亮色彩最斑斓的这里，是你的相城，你对相城的独家记忆。"

（此文获"记忆中的相城"征文比赛中学组优秀奖）

最美家乡景

琴棋书画——相城韵

黄桥实验小学分校五（1）班　陈浩

美丽的相城，我的家。你安定、和谐、优雅，是人们心中公认的"大家闺秀"。琴棋书画，你无所不能。

相城你好像一架"琴"，时常演奏着这里的风土人情、古迹韵味。

第一次踏上这片土地，就让我赶上了"冬至"。原以为这样的节日很平常，应该是亲朋好友齐聚一堂吃吃饭吧。可后来才明白，相城有"冬至大过年"的说法，陆慕镇上的叔伯们争先恐后地笑着说道："有铜钿的人家吃一夜，无铜钿的人家冻一夜。"当时的我，一头雾水，后来才渐渐地了解了这句方言的含义。朴实的相城人沿袭着自己独特的习俗：过冬至夜、过腊八、掸檐尘、送灶神、过大年夜、初一拜年、吃新年酒、接路头、闹元宵等，默默地守候着那一份传统。好听的故事加上有趣的方言，时常让我想起这架"琴"的魅力。

相城你堪称一部"棋"，带着浓厚的商业气息，与时俱进，分秒必争。相城区于2001年初成立，翻开相城的地图：地处长三角城市群腹地，位居苏州大市中心，东临上海，西濒太湖，南接古城，北依长江。地域广阔，田野纵横，河巷交织，村庄错落有致，伴随着改革开放的春风和"要发展路先行"的改革理念，那"九纵九横两联一环"的交通格局，正张罗着改

105

革与创新的成果，借鉴"园区经验"、联合"上海经济"、转型升级"传统工业"、挖掘"渔家文化"、打造"宜居生态"、发展"活力商业"等等一系列鼓励投资的新举措，硬是把以汽车零部件、电子信息、精细化工、新型材料等为主的高科技产业集群，牢牢地镶嵌在相城这部满盘皆是活力的"棋盘"之中。

相城你好似一本"书"，传承着浓郁的文化。翻开这本"书"，映入眼帘的依然是相城璀璨的历史文化。自古以来，这里人文荟萃：兴吴功臣伍子胥、春申君黄歇、"兵圣"孙武、书法家宋克等等，都给相城的吴文化留下了深远的足迹。历史的遗迹没有随着相城的"成长"而褪色，反而越显浓郁！如：御窑金砖、元和缂丝、陆慕泥盆、渭塘珍珠、相城琴弓、九龙砖雕、太平船模、黄桥铜器、水乡草编、阳澄渔歌，这些统称"相城十绝"的民间传统文艺，让人们看后赞不绝口！

相城你宛如一幅"画"，把这里的旖旎风光临摹得栩栩如生。昔日的相城拥有大片的麦田和少许沼泽泥塘，一眼望去，天空蔚蓝，大地碧绿，湖水清澈。虽不是物影成双，倒也是一片生机盎然。而今那虎丘湿地公园、荷塘月色公园、苏州（中国）花卉植物园、漕湖湿地公园……延绵不断地串联起来，把相城变成了一座天然的绿色之园。绿树红花、高楼大厦身处水乡腹地，也让相城变为了苏州的一座水城。风光秀丽的阳澄湖畔，稻海麦浪、菊黄蟹肥。春观百花、夏赏莲荷、秋揽红枫、冬看茶梅，好一幅"城在林中、楼在绿中、人在花中"绚丽多姿的画中"画"。

相城——你让我思绪万千。你历史悠久、文化璀璨、人杰地灵、物宝天华。而今的你又是"水城、花城、商城"最佳生态休闲人居城。相城你变了！变得更加出类拔萃、亭亭玉立，变得更加朝气蓬勃、蒸蒸日上，变得更加豁达开朗、富有魅力了！

相城——默默无闻、不辞辛劳的伟大母亲，是你教会了我们如何去拼搏和创造；是你见证了诸多学子的梦想与努力；是你不分昼夜创造着一个又一个了不起的奇迹；还是你怀揣着幸福与平安，点缀着苏城大地！

如今，相城的儿女们对美好生活的向往与追求更加执着！上善若水的相城人满腔热血，用自己的智慧与勤劳的双手，精心雕刻着美好的未来！

回望过去，珍惜当下，开创未来，相城——我的母亲，我坚信你的明天会更好！

我爱你相城！

指导老师：顾晓英

（此文获"记忆中的相城"征文比赛小学组一等奖）

为你歌唱——相城

陆慕实验小学六（3）班　周子骐

"苏州是中国的水城，相城是苏州的水乡。"提起相城，人们就会立刻想到那可口的阳澄湖大闸蟹、香香甜甜的黄埭西瓜子、闻名遐迩的御窑金砖、绵软甜肥的湘城麻饼、享有"中国之最"美誉的淡水珍珠……还会想到有着水乡记忆的三角咀公园、令人流连忘返的花卉植物园、最具诗画风情的荷塘月色公园……这些都早已成了相城的标志、相城的骄傲，随意打开任意一处都是一幅幅美丽的画卷……而坐落在相城西部的东桥镇，更是我挥之不去的记忆，那里曾是我成长的地方、儿时的乐园。回首往事，恍惚还能听见巷间小贩的叫卖声、小伙伴们的打闹声……

东桥，是我的故乡。我童年的大部分时光都是在那里度过的。记忆中的家乡房屋后边有一大片郁郁葱葱的竹林，四边被清清的河水包围着，河面上拱桥飞架，像一道道彩虹。奶奶常常牵着我的手去镇上游玩，那晶莹剔透的冰糖葫芦、香气扑鼻的海棠糕，都是我儿时的最爱。奶奶心灵手巧，按当地的风俗习惯，不同的季节她会做出不同的我爱吃的糕点，至今想起我还会垂涎三尺：如一月的撑腰糕、八月的桂花糕、九月的重阳糕……这些记忆中的味道，给我的童年增添了无数欢乐的色彩。

然而，我对家乡最深刻的印象，就是她的勤劳、质朴和智慧。记得五年级时的暑假，我又一次回到了家乡的怀抱。因为很久没人居住了，老屋略显破旧。乡邻们听说我们回来了，都从四面涌来，热情地和我们打招呼问好。我一个人在堂屋玩耍时，忽然看见了一条十米长的长方体网。它不宽不高，每条棱都是用细竹做的，每十厘米又被分成了一节，它的每一个大网眼都又缝了许许多多的小网眼，看起来十分精致。我很好奇，奶奶告诉我，那是虾鳝笼，很早以前就用它来捉虾、捉黄鳝的。这副虾鳝笼从爸爸小时候一直用到现在了，依然十分耐用。

我可没见过这"新鲜玩意儿"，就嚷嚷着要奶奶示范一遍。奶奶于是带我走到河边，只见她撒了点鸡骨头碎屑在里面，然后把这个笼子轻轻放入水中，固定在一个地方，再把两头松开，就带着我离开了。大约过了一个半小时，奶奶过来把两头拉紧，娴熟地把笼子拉上来，里面竟然全是活蹦乱跳的河虾和小鱼。我真是大开眼界了，高兴地一蹦三尺高。我想，以前的人真是厉害，只用了一只破渔网、一卷线、一些竹条和一些鸡骨头，就能做抓虾网，他们真聪明啊。

我想，我们的相城今天之所以如此美丽，正是因为有了这些勤劳智慧的前辈们的努力和创造。我喜欢相城，不仅是因为这儿有风景如画的小桥流水，有甜蜜可口的美食，更是因为在这片富饶的土地上，有着一代一代辛勤耕耘的、勤劳努力的人们。

相城，我要为你歌唱；相城，我要用我的双手，为你创造更辉煌的明天。

（此文获"记忆中的相城"征文比赛小学组二等奖）

忆童年相城

蠡口实验小学六（6）班　章思麒

相城是我美丽的家，这里的天是蓝的，水是绿的，路是宽的，花是香的……

小时候，我们家住在一个叫胡巷的小村。村里是一幢一幢的两层小楼，它们紧紧地挨在一起。村前有小河，村后也有小河。村路有点坑洼，这儿一条，那儿一条，两侧是广阔的四季田野。

春天里，爸爸一有空，就扛着鱼竿和我去河边钓鱼。河水清清的，一条条小鱼在水中嬉戏。不过，爸爸是不会经常有空的，所以，我经常跟着去河边洗衣的奶奶。奶奶洗衣，我就给她"添乱"：把洗衣粉藏起来，把刚洗好的衣服再放到河里，用水泼奶奶……但奶奶都不生气。小河印下了我淘气的身影，留住了我银铃般的笑声。

夏日的夜晚是最美的。到了晚上，虽然村路两侧没路灯，但月亮河繁星总能帮我照亮道路。爷爷带着我去捉萤火虫、找蛐蛐，草丛里不知名的小虫、稻田里的青蛙奏起了一台交响乐。"唧唧唧……呱呱呱……"时而独奏，时而齐鸣，时而舒缓，时而急促。我常常枕着妈妈的手臂，在动听的音乐声中沉沉睡去。

秋日里，家门前的柿子树结满了柿子，黄黄的，裂开了皮。馋嘴的我总会吃成一个小花脸。田埂上有雪白的蒲公英、金灿灿的野菊花，还有蓝紫色的蝴蝶花。妈妈带着我在阳光下吹蒲公英，我眯着小眼睛，看它们飞呀飞，一直向太阳飞去。

要造高铁新城了，高速铁路像一条巨龙在我们家后面穿过，崭新气派的苏州北站矗立起来了，一幢幢高楼在一片片稻田上拔地而起，一条条宽阔的马路代替了原本纵横的阡陌，一盏盏路灯亮起来了，夜晚被照得如同白昼。

我们的家也搬到了小高层。小区里有秋千，有滑梯，还有常绿的树、开不败的花。但是周围没有了田野，不见了小河，或许是因为路灯太亮，月亮的光辉似乎淡了，星星也看不到几颗。我再也不能和爸爸去河边随意地钓鱼，也没有机会和奶奶玩水了。如今的相城灯越来越亮了，路越来越宽了，楼越来越高了……一切都越来越摩登了，然而我梦中常映现小时候的点点滴滴。漫步在小区里，闻着桂花那沁人心脾的甜香，我常想起田埂上的蒲公英和野菊花，不知现在它们到哪里去扎根了。

（此文获"记忆中的相城"征文比赛小学组二等奖）

一路点击　相城精彩

黄桥实验小学六（3）班　张心恬

相城！旧时便是一块文化宝地，只是被苏州太辉煌的历史掩盖了它真金的光芒，吹开封尘，才看到这里竟也如此风雅……相城从"吴县"走来，摘下农民的帽子，迎接新时代春风的吹拂，踏上了苏州母亲改革的航轮，从此，你就像一个被新分家的儿子，拥有了自己崭新的天地。你的新户籍叫"相城"！"吴中区"是你的同胞兄弟，在它洞庭商帮创下的巨大家业前，你不必自轻；在它吴王为西施开凿的古井前，你不必自馁；在它先你而行的改革声浪中，你更不必自卑。年轻的"相城"兄弟啊，挥洒了多少个日夜的汗水，摊开你这份崭新的家业，一路点击相城的精彩，你也有自己的荣耀和辉煌。

遗落千年的"城市梦"，终于将在自己手中变成现实，相城人欣喜不已，小心谨慎，精心规划，反复考证。于是，一个建设"水相城、绿相城"的高起点规划浮出水面，也融入了相城人的心头。

十二个年头弹指一挥间……三十多万相城人激情奉献，四百九十六平方公里的土地上处处精彩。如今的相城，是水和绿的交融，是历史和现代的交汇，在走向现代化这幕大戏中它隆重而又闪亮地登场，赢得的何止是喝彩和掌声……

如今的你懂得为大闸蟹贴上"有机食品"的使用标志，懂得为精益乳、史氏鲟贴上"绿色食品"的标签，你在捍卫自己利益的同时向世人捧出了绿油油的农家风味。

你既是一个朴实的农民，更是一个城市的新工人。你年轻的头脑积蕴现代化理念，借助你孔武有力的双手开创了汽车零部件、电子信息、生物技术等高难产业，你挥洒满腔豪情，向世人证实自己这个新兴工人不凡的身手。

你筚路蓝缕创下了自己的新家业，建设了自己的新家园。这里不再是农家大院，这里城市建设已大展宏图，全区形成了"一轴两翼、三核三片、四湖连心"的城乡空间结构；"水城、花城、商城、最佳生态休闲人居城"作为全区特色定位。

"水城"——水做的相城，绵延着楚风吴韵，蕴含着历史的厚重：春申湖公园、盛泽湖度假区、阳澄湖莲花岛、渭塘珍珠湖……不胜枚举。相城的水让人想起文人骚客临水喝茶、吟诗品酒的风雅，承载了太多关于烟雨江南的想象；相城的水是日常生活的一部分，融入了相城人的血液，卷过历史的风尘，包容着平常日子的喜怒哀乐，是一种用生命呵护的温情。"东方水城在苏州，苏州水城看相城。"

"花城"——相城生态农业示范园是相城建设花城的一个缩影。相城生态园为城市添翠、为相城添景、为市民添乐，相城"季季有花、处处成景"，芳草鲜美、落英缤纷、花香鸟语，优美怡人的景色吸引了大批游客前来观光，相城——"城在林中、楼在绿中、人在花中"。

"商城"——当商业浪潮一波又一波地卷来时，你搏击商海、披荆斩棘……于是你有条不紊地建起了理财经商的账目，你投资了国际服装城、中翔商贸城、高铁新城，你又开辟了采莲商业街、欧风新天地、活力岛，你以满怀的自信迎接商业浪潮的搏击。初生牛犊不怕虎，你以宽广的胸襟迎接一个又一个外资项目，你又以高瞻远瞩的姿态展望美好未来，私营企业、个体工商业如雨后春笋般层出不穷，体现了一个城市儿子的自信和刚毅！

"最佳生态休闲人居城" ——君不见，"六纵六横两联"的路网框架已搭建，全区各镇各街道十五分钟之内均能快捷上高速，如此便捷的交通让人叹为观止。而今相城人住进了香城花园、锦绣江南、南亚花园等住宅小区。同时，你没有忘记为弱势群体帮扶"八大工程"，你更没有忘记推进社会保障制度的改革，让养老、失业、医疗、工伤、生育"五险"联动，为这片热土的所有子民创造了一份安逸祥和的生活。

今天，相城人就站在现代与传统结合的地方：有历史的凝重，就不会漂浮；有时代的气息，就知道你站在了哪里！"爱在左，情在右，在道路的两旁，随时撒种，随时开花。"在新相城的大地上一路走来，满目辉煌……十二岁的相城点击出了一幅精彩的画卷。

指导老师：朱彩红

（此文获"记忆中的相城"征文比赛小学组三等奖）

相城变奏曲

蠡口实验小学六（7）班　毛文韬

闲暇时拿出一本陈旧的相册，翻开第一页，映入眼帘的便是一张发黄的黑白照片。那是一张五六岁男孩的照片，他就是我的爸爸。那时候爸爸穿着他哥哥穿不下的旧棉袄，纯真的脸带着甜甜的微笑，手中握着一束自家屋后摘的金灿灿的油菜花，站在碎瓦砾与小石子铺成的小路上。身后是沿着小路而建的一排破旧的瓦房，瓦房前有条人工开挖的大运河，河岸边只有野花杂草与歪脖子树。看到这里，不禁打开了我初来相城时留在脑海里的点点片段。

我依稀记得八年前从繁华的上海搬来父亲的家乡——苏州相城，那时的建筑不再像黑白照片里那般破旧，沿街的房子大多是两层楼了，略显得有些陈旧，不过还有大片的土地正等待人们去开发建造。那时的马路是四车道的，路两边也没什么像样的绿化，每当车子开过时，车后总是卷起一缕尘土，走在路上的人们总是掩鼻而过。每到晚上六七点，街上的店铺就早早地打烊了。因为交通不便，人们只能在家里看电视、打牌娱乐一下。

可是随着时代变化，相城的面貌也在日新月异地改变着。瞧！那原来运河两边的驳岸，现在已用巨石构筑，岸上柳树等距种植，柳枝在风的吹拂下轻轻荡漾在清澈的水面。一座座雄伟的大楼拔地而起，直插云霄，大大小小的酒店、旅馆、购物中心、医疗机构如珍珠般撒落相城大地，熠熠生辉。贯穿相城的相城大道也特别宽阔，从原有的六车道改建成了八车道。路上来往的车也络绎不绝，因为这里是全国知名的家具销售点，各个城市的家具经销商都会来这里采购，真是一片欣欣向荣的繁华景象。马路两边的花圃里种着一簇簇五颜六色的花和枝繁叶茂的树木，在不同的季节里，辛勤的城市绿化工还会更新花的品种，保证在相城的人们生活在鲜花的世界里。可以说这里绿树成荫，鲜花遍地，多么美丽的景象呀！跟相城大道平行的是一条南北走向的采莲路，我家就住在附近，每天上下学这是必经之路。从前年开始这条路有了翻天覆地的变化，在马路中央建造起了似巨龙腾飞的轻轨高架，在不久的将来就要开通了。连接京沪的城际高铁已经开通，这大大扩展了人们的生活轨迹，缩短了城市间的距离。可以想象在不远的未来，相城将会更加繁华昌盛，人们的生活也会变得更加富裕。

相城是个水城、花城、商城结合得相得益彰的最佳居住地。我为能搬到相城居住，成为相城的一分子而感到幸福与骄傲！

（此文获"记忆中的相城"征文比赛小学组三等奖）

记忆中的幸福相城

东桥中心小学五（2）班　谢雯雯

来自于相城黄埭小镇的我，一个喜欢微笑的小姑娘，喝的是相城的水，吃的是相城的米，就在这温柔的吴侬软语里幸福成长。

在我童年的记忆中，我可爱的家乡相城是五彩缤纷的。

"笃笃笃，卖糖粥，三斤核桃四斤壳"，这样的叫卖声温暖了整个黄埭长街。每一声都呼唤出这样一幅悠闲欢乐的画面：一个扎着两条小辫子的小不点蹒跚着，牵着奶奶的手，奶奶手里的那一碗热气腾腾的糖粥，让小小孩口水横流，那就是我。一回想到这个，心底就充满了温馨，幸福会在脸上绽放。

哦，记忆中的相城原来是充满温馨的。

"金荡口，银黄埭，疏疏落落是浒关"，这句话在当地流传了近百年。听奶奶说，以前的黄埭镇可谓是三里长街，店铺林立，货品琳琅满目。无数小舟在小河里穿梭，四面八方的商贾来来往往。三里大街熙熙攘攘的人群摩肩接踵，银黄埭的繁华果真名副其实。

而如今的黄埭，春申湖水波荡漾，风景宜人。湖畔别墅林立，动迁小区环境优美。每到夜晚，大街灯火辉煌，湖畔喷泉美不胜收。失地的农民伯伯阿姨，做起了城市居民。他们伴随着欢快的音乐，跳着动感十足的广场舞。歌声悠扬，舞姿优美，跳的人快乐，看的人欢笑，幸福在每个人的脸上荡漾。

哦，记忆中的相城原来是美不胜收的。

据说相城不仅繁华，而且它的美味还在苏州数一数二呢。阳澄湖大闸蟹，它生在相城那烟波浩渺、四季如画的阳澄湖内。很多人特地不远千里，慕名拜访苏州相城，品尝这被誉为"水中软黄金、水中珍品、蟹中之王"的阳澄湖大闸蟹。看碧水连天，青山绿野，配上这活蹦乱跳的大闸蟹，最是一派水乡风情。再亲口品品大闸蟹的美味，真不枉人间走一遭。难怪古人说："蟹螯即金液，糟丘是蓬莱！"读来其乐融融，诗情画意，幸福无比。

如若想念相城，来吧，到我的家乡走一走，相城人会张开热情的双臂欢迎您！

（此文获"记忆中的相城"征文比赛小学组三等奖）

记忆·相城·漕湖

北桥中心小学六（1）班　顾贤

"笃笃笃，卖糖粥，三斤核桃四斤壳，吃仔倷格肉，还仔倷格壳……"奶奶说这是她记忆中的苏州——相城！"栀子花，白兰花，香是香来……"妈妈说，这是她记忆中的苏州——相城！

而我，每天上学、放学，上课、写作业。永远是多得似小山的作业，哪有那么多的时间去好好聆听大自然的声音？嘻嘻，不过我回忆起我的童年，不只是想象的场景哦！我曾好几次去过离家很近的漕湖，我见证过它的完美蜕变。

时光飞逝，转眼间就回到了2007年的一个夏天——此时的漕湖，还是孕育在祖国母亲肚子里的小 Baby，她没有现在那么美，更没有现在那么富有繁茂。在我的记忆中，那时的"漕湖"只是一个大土坑。往湖面望去，白茫茫的一片。没有生机，没有活力，没有草地……不知再过两三年，新漕湖是否会"诞生"？

时光又将我带回了2009年的一个春天——她此时诞生了。她的"眸"——湖，是那么地迷人；她的"手"——大树，是那么苍翠；她的"身体"——大地，是那么欣欣向荣。小鸟来了，蜗牛来了，海鸥来了，甚至连白鹤也来了。看，那里有一位小姑娘和一位父亲正漫步在湖堤上，那就是我和我的爸爸。我们迎着春风的轻抚、阳光的沐浴、细雨的滋润，徜徉着。我每走一步都小心翼翼，生怕踩坏了这柔弱的小生命，它毕竟还是刚刚出生。在不知不觉中，我和爸爸来到了"碧水蓝天"酒店。毕竟只是在开发中，连酒店也是开放式的。走到酒店的尽头，我们看见了一个码头。码头是用粗粗的麻绳围起来的，地上铺着大大小小、各式各样的鹅卵石。爸爸也像小孩似的冲了过去，拾起一块扁扁的石头，便向漕湖水面上打起了水漂。"一、二、三、四……哇！爸爸真厉害！"我见势也冲了过去，随手拿起一块小石头，学着爸爸的样子打了起来。可石头在我的手中就像一个不会游泳的小胖子，唰的一下就沉入水里。爸爸就好人为师起来："贤，你要选一块又瘦又扁的，倾斜着发出去。"我按照爸爸说的一试，果不其然，一、二、三！耶！我成功了。时间老人不停地前行着，漕湖又覆上了一层神秘的面纱。我们也该回去了，却依然流连忘返。

时间一晃，又到了2013年。六年级的我已没有时间再去游山玩水了，因为我要刻苦学习。但我想念漕湖的每一寸土地、每一片水域。四个年头过去了，不知鹅卵石还在吗？小草是否长大了？大树是否参天了？水是否更加清澈了？

我想，小学毕业后，我还要来一次漕湖，再次感受她的美。我们的祖国发展如此神速，相信不久的将来，她会以更加美丽的身姿展现在我面前。

（此文获"记忆中的相城"征文比赛小学组优秀奖）

充满记忆的照片

望亭中心小学六（1）班　吴诗意

相城历史悠久，拥有许多有趣的事。

这天我闲来无事，在家里翻箱倒柜，无意中翻出了一张黑白照，照片上的女孩笑得花枝乱颤，身后是一棵挺拔的香樟树。我很好奇，跑到奶奶身边问这个人是谁。奶奶微笑着对我说："这个人是我呀。"我问道："奶奶，这么久的照片了，还放着干什么啊？""你不懂，这张照片是我小时候到现在唯一的回忆了。""那能给我讲讲您小时候的事情吗？"奶奶一口答应，让我听好了：

奶奶小时候最爱吃的东西就是"相城麻饼"了。它那"皮薄不裂、馅多不溢、甜而不腻、肥而不油"的特点，让奶奶吃得满嘴留香。一个小小的麻饼，要经过选料、称料、加料、搅拌、成型、烘烤等三十多道工序，可谓"千淘万筛选上乘，道道把关制精品"。奶奶小时候没有玩具，最喜欢去的地方就是阳澄湖畔，因此还特别爱杨循吉的一首诗："一宿江乡俗事稀，小春天热换棉衣。偶然来到水云间，惊起田间鸦乱飞。"意思是：一到阳澄湖畔这片水乡泽国，便觉得脱离了尘俗，心情马上好起来；再加上小春天气渐暖，换掉了棉衣，人更加神清气爽。游走在风光宜人的湖畔，落日时分，望晚霞中渔船收网归来，一不小心惊起一群水鸟展翅飞起。奶奶认为这首诗十分地美，自己时不时就念出来了。每年农时，自己都会一边插秧，一边唱着小调："莳秧娘娘屁股翘，两手弯弯莳六棵。六棵头上结白米，桑树头上结绫罗。"插完秧，看看自己黑不溜秋的手，总会情不自禁地笑出声来。当时旅游很奢侈，基本上一两年才能去一次。记得第一次去的地方是黄埭，在那里买了一包黄埭西瓜子，拿回去后根本不舍得吃。一打开包装，自己就叫道："哇，这个瓜子好香哦！"然后就忍不住地想吃，但总是克制自己说："吃少点，吃少点。"但又总是一吃就停不下来。那芬芳扑鼻的味道，好像让自己出现了幻觉，进入了一个梦境。小时候没有交通工具，就喜欢骑着自家的牛横冲直撞，然后每天回家就被父母骂一顿。有事没事就找隔壁家的小妹妹跳牛皮筋，院子里就整天充满了"二五六，二五七，马兰开花二十一"的声音。

"哇，奶奶你小时候好像很快乐唉！""是的呀，可惜现在社会进步了，再也找不到小时候的那种快乐了。现在家里都有了电视电脑，你们哪还肯出去玩呢？现在有了交通工具，到哪里都方便，但是汽车吸入新鲜空气，排出有害废气，空气已经被污染得不成样子了，再没有我小时候那种清新、开阔、舒适的感觉了。现在包装的食品味道鲜美，但是里面都有添加剂，吃着好吃，但是对身体不好，可是你们却喜欢，就是不喜欢去吃营养天然又无害的健康食品。"

小时候的相城清新、自然、脱俗，有着小家碧玉的感觉，而现在却在追求高端、大气、上档次，比较时尚感一点。这座古城也在慢慢地变成时尚之都，漂亮了，时尚了，希望这种变化不是靠付出环境污染换来的！

（此文获"记忆中的相城"征文比赛小学组优秀奖）

"玩"泥巴

陆慕实验小学 谢喆

"上有天堂，下有苏杭！"我的家乡是镶嵌在人间天堂苏州里的一颗明珠——相城。相传在两千五百年前，吴国的丞相伍子胥在这个地方"相土尝水，象天法地"，相城因此而得名。

我们相城有十绝：御窑金砖、元和缂丝、陆慕泥盒、苏派砖雕、渭塘珍珠、相城琴弓、太平船模、黄桥铜器、水乡草编和阳澄渔歌。

告诉大家一个秘密，我家就住在御窑哦。我们的祖先都是烧窑人，他们烧制的砖细腻坚硬，"敲之有声，断之无孔"，有"金砖"的美誉。金砖受到了历代帝王的青睐，成为皇宫建筑的御用品，更博得了明朝永乐皇帝的称赞，并赐名窑场为"御窑"。御窑金砖是我国窑砖烧制业中的一朵奇葩，距今有六百多年的历史了。

在我依稀的记忆中，每家每户的院子里都堆着几垛泥，大人们和孩子们都在踩黄泥。小时候我也特别喜欢踩泥巴玩，光着小脚丫，牵着爷爷的手，和爷爷一起踩泥巴。我总是会很幼稚地反复问爷爷一个问题："爷爷，爷爷，我们为什么要踩泥巴呀？"爷爷总是不厌其烦地回答我："我们踩了泥巴做砖，做泥盆。我们家吉囡囡踩的泥巴最有韧性了，制出来的砖啊、泥盆啊肯定是最好的……"我常常会偷偷地抓一把泥在手上捏着玩，捏小人、捏面条、捏鱼儿……造型可丰富了！有时候我还会搓成小圆子，等爸爸妈妈回来时，拿出来给爸爸妈妈，说是我做的小点心，请爸爸妈妈吃。呵呵，现在想起来，真是好玩啊，好怀念那时候在乡下玩泥巴的时光啊！

现在我们御窑"玩"泥巴的人越来越少了，老祖宗传下来的手艺后继乏人，尤其是我们小朋友，知之者也甚少，我们强烈呼吁政府加大对民间工艺的保护力度哦！

（此文获"记忆中的相城"征文比赛小学组优秀奖）

记忆中的老宅

望亭中心小学六（2）班　顾天宜

周末，爸爸说要去乡下老宅那里的一个亲戚家吃喜酒，我挺开心的，一方面是因为有喜酒吃，另一方面是因为可以看看老宅那里拆迁以后变得怎么样了。

我坐着爸爸的车往老宅驶去，一路上，我发现原先颠簸的石子路变成了平整的水泥路，路口增设了一个红绿灯，不远处，还新建了一个公交车站，有两个老人正坐在站台上等车。随着爸爸车子的行驶，我的视线又向前移去，我看到村口一条水渠被砖石填平了，上面还立了一块大石头，写着"宅基"两个鲜红的大字，外人一看就知道了村名。村路两侧种了柳树数株，中夹玉兰，像一排在迎宾的侍者。村口曾经灰暗的房屋已经焕然一新，都成了粉墙黛瓦的"水墨画"。向村里走去，我感受到了浓郁的新农村气息：小河水变得清澈，鸭子在河中嬉戏，路边增设了好几个垃圾桶，一切是那么有序、自然，只有那座小石桥没有什么变化，依然卧在原来的地方。再过去，我们原先的村庄不见了踪影，取而代之的是一幢崭新的宅基社区高楼。爸爸说，这里不但有方便周围村民看病的医务室，还有给村民们健身的运动场地，每天傍晚都会有人来这里打球、跳健身舞，不但增强了村民们的体质，还增进了彼此的情感。

　　我急切地要去我家老宅的旧址看看，可是我们已经很难找到确切的位置了，只能把还没拆迁的亲戚家作为参照物，摸排着位置数距离。终于明白，如今新建的高速公路隧道口正是我家老宅的位置，望着眼前陌生的情景，我的心中难免有些不舍，眼前浮现出了我家老宅的模样：两层的小楼房，门前一片开阔的水泥场，场的四周围着镂空的砖石护栏，当年幼小的我就是扶着它学走路的，等我稍大些时，也常常和邻居伙伴在这里做游戏，护栏旁的柿子树、琵琶树、竹子丛也是我们歇息的好地方……如今，这一切都被高速公路取代了，原先的邻居家也和我们一起搬迁到了御亭花苑小区，小区里有银行、幼儿园、菜场、超市等等，真是又方便又美观，想到这里，我的心情又无比灿烂了。

　　可能，若干年后，我如今住的小区又会变成老宅，被新的环境所取代，但它们的变迁都足以证明时代的发展和进步，我感到生活无比幸福！

　　（此文获"记忆中的相城"征文比赛小学组优秀奖）

相城四季调

蠡口实验小学六（1）班　褚王嘉

俗话说："上有天堂，下有苏杭。"我的家乡是苏州这个大家庭中的一员——相城。它的一草一木、一砖一瓦、一年四季的美丽风光，都给我留下了无比深刻的印象。

相城最美的要数春天了。经历了一个冬天的小草，在春风柔和的吹拂下，慢慢挺直了腰板，在温暖的阳光之下左右摇摆，与那些五彩缤纷的蝴蝶一起翩翩起舞，呈现出一派生机勃勃的样子。大树、小花等也都恢复了往日的生机，在广阔的草地上尽情地沐浴着春晖。啊，相城的春天真美啊！

要说相城一年中最热闹的季节，那非夏天莫属了。一到下午，树上的知了便把积蓄已久的能量爆发了出来，一直叫个不停，像在诉说一个古老的故事。此时的小朋友们正好放暑假。看，他们正在不远处的空地上追逐打闹呢。烈日炎炎，可他们全然不顾阵阵热浪，仍然玩得那么开心。到了傍晚，附近的小河便成了孩子们的乐园。他们在水中你泼我洒，一点也不受约束，那场景真是热闹极了。到了夜晚，最后的一丝晚霞也褪去了，大伙才依依不舍地回到了家里。

相城的秋天来得快，去得也快。它是一个丰收的季节。劳作的人们一年所付出的汗水将在这个秋高气爽的季节得到回报，稻麦瓜果全都成熟了，阳澄湖的大闸蟹也端上来了，成了人们舌尖上的一道美食。

　　冬天，天气也冷了，人们都欢欢喜喜地为过年做准备了。大人会把鸡鸭鱼肉腌好，等着过年的时候享用。过年是我最盼望的日子，因为我又长大一岁了！

　　斗转星移，四季更替，岁月在身边悄悄流逝，我已从一个懵懂的小孩变成了充满朝气的少年，我的家乡相城也在不经意间发生了翻天覆地的变化。孩子们游泳再也不去河边了，而是改去游泳馆了；以前的小村庄也相继消失了，取而代之的是一座座拔地而起的高楼大厦和鳞次栉比的生活小区；泥泞的小道变成了宽阔的马路，眼中金黄的稻田已被漂亮的社区公园和大片绿化所取代……记忆中的相城成了我脑海中一个永恒而美好的烙印！

　　（此文获"记忆中的相城"征文比赛小学组优秀奖）

千年元和，魅力相城

蠡口实验小学六（1）班　姚奕哲

在繁忙的沪宁线上，有一片热土一定会吸引您惊奇的目光。这是一块碧绿如翡翠般的广阔大地，正焕发出它无限的生机和希望。这就是被誉为"苏州城北明珠"、"投资好天堂"的——相城。

早在两千五百年前，就有一个年轻人，来到这片湖泊众多、波光粼粼的土地上"相土尝水，象天法地"，最终却因为地势低洼而放弃，使得这片土地的潜力和能量被雪藏了整整两千五百年。

正所谓"千年磨一剑"，这片土地已经孕育了千年。如今在这个热血的年代里，它正焕发着它夺目的光彩。它正用年轻的双手和头脑，发扬着优秀的传统，彰显着古典的文化。

几百年前，这里烧出的砖，曾运进紫禁城，铺进金銮殿。于是，这里的窑被赐名"御窑"，这里的砖被称为"金砖"。而现在，这里依然薪火不断，金砖文化层出不穷。深厚的历史文化，必将在这片热血的土地上，在年轻人的双手中，发扬光大。

相城，这片充满生机的土地，正在日新月异。沿着历史的脚步，迎着光芒四射的朝阳，让我们把美丽的相城好好地欣赏。走过生机勃勃的千年元和地，再看那春意盎然的今日美渭塘，还有那丽水长滩好风光，阳澄湖畔桃花香。伦敦塔桥灯璀璨,活力岛霓虹真绚烂。春赏植物园内百花艳,夏游荷塘月色好乘凉。磕磕黄埭的西瓜籽,吃吃湘城的大麻饼,品品阳澄湖的大闸蟹。我们不妨再把镜头从春申湖边摇到盛泽荡,从环城高速转到苏虞张公路旁:喜看多少昔日的传统村落,早已变成了环境优美的高层小区,老百姓们如今都迈在了现代化的康庄大道上。你看,"四城建设",明确方向;科学规划,大胆构想;社区公寓,鳞次栉比;工业新区,蒸蒸日上;轻轨架起,连通四方。苏州花木城,争奇斗艳;渭塘珍珠城,声名远扬;蠡口家具城,精品荟萃;太平羽绒城,广揽客商。由此可见,我们的相城早已扬帆起航。

我们说,这样的发展速度,并不神奇。因为,我们的相城还年轻,年轻没有什么不可以,年轻就是相城最好的一张名片。"水城、花城、商城、最佳生态休闲人居城",正是这张年轻的脸上最灿烂的模样。

"一方水土养一方人",相城热土滋养相城人。他们勤劳热情、心怀博大,如今早已爱满天下。曾经,一个陌生的名字,一夜间家喻户晓。她,就是杭彬,一个普通的相城人,她将自己的骨髓捐献给海峡对岸的陌生少女,挽救了一个年轻的生命。她是我们相城的骄傲,更是我们祖国无数人民的骄傲。

相城啊相城,你是一片给人温暖、让人深爱的土地。今天我们因你而骄傲,明天你必将会为我们而自豪!

（此文获"记忆中的相城"征文比赛小学组优秀奖）

寻梦阳澄湖

太平实验小学四（3）班　王逸恒

我站在阳澄湖畔

望着澄澈的湖水

感到惬意无比

看着小船悠悠

感到休闲万分

听着渔夫的歌声

感到心情无比舒畅

瞧那些长嘴的野鸟

在湖面上自由地飞翔

看那个木制的长廊

舒适地躺在湖面上

明澈的湖水中

孕育着鲜美的大闸蟹

美丽的葫芦岛

依偎在阳澄湖边

是谁把这个巨大的葫芦

放在了这里

枕着阳澄湖的水

满池的荷花

竞相开放

微风拂来

翩翩起舞

衣裳飘动

为葫芦岛增添了几分情趣

阳澄湖

我爱你的全部

相城区

能拥有你这样一汪湖水

我感到无比自豪

（此文获"记忆中的相城"征文比赛小学组优秀奖）

我的家乡阳澄湖

　　我的家乡在美丽的阳澄湖畔。阳澄湖是个美丽而宽阔的湖泊，这里风景迷人。平静的湖面犹如一面硕大的银镜，岸边有一排排垂柳，宛如少女的长发一样。一艘艘渔船停泊在岸边，整装待发。远处飞来了一群群白色的飞鸟，它们时而停留，时而在湖面上徘徊，像是在寻找美味的食物。

　　这里有驰名中外的阳澄湖特产——大闸蟹。"金秋十月，丹桂飘香"，美丽的阳澄湖又迎来了丰收的季节——大闸蟹开捕了！我终于可以品尝大闸蟹的美味了。

　　一天晚上，爸爸带回来一袋大闸蟹，说："今天晚饭我们多添一道菜吧！"我举双手赞成。大闸蟹可不会乖乖听话、任你摆布，它张牙舞爪，像是要和你一较高下。因此，要吃蟹可不是件简单的事。首先要捆蟹。只见爸爸拿出一根线，一头咬在自己的嘴里，左手握蟹，爸爸那大大的手掌把整只大闸蟹的两钳八脚都紧紧握在手心里了，调皮的大闸蟹无法动弹，只能任你为所欲为了；爸爸右手拉着线的另一头，熟练地在大闸蟹的身体上绑了一个十字形。接着它们就乖乖下了锅。煮好的蟹身上已经变成橙黄色了，看得我口水直流。

　　开始品蟹了，我轻轻地掀开它的外壳，汁水流了出来，顿时飘来一阵阵香味。虽然很烫，但仍让人爱不释手。掀开壳后，爸爸教我把它身体两侧的肺剥下来，那黄色的一块就是蟹黄了，上面还披着一层黑衣。吃蟹腿的时候要先把一半的腿放入口中，然后用牙齿咬，慢慢往上咬，把肉给咬出来。还有那两只大钳子，吃的时候可要吃慢点，它身上全都是刺，一不小心就会刺到手。我先用牙齿用力咬了一口，剥掉已坏的壳，再用牙齿把鲜美的螯肉向外一拉，又一吸，又香又嫩的肉就滑入口中了。我刚开始慢慢吃着，接着越吃越快，越吃越香，不知不觉那几只脚就被我吃到肚子里了。螃蟹的肉雪白粉嫩的，成丝状，吃起来特别好吃，让我百吃不厌。吃完一整个蟹，我的手已被染成金黄色了，而且还留着一股蟹的余味。

大闸蟹也有它的分辨技巧：阳澄湖大闸蟹以个大体重、青背白肚、金爪黄毛、蟹黄肥厚、肉质白嫩、滋味鲜美而享誉海内外。

所谓"青背"，是指蟹壳成青泥色，平滑而又有光泽。

所谓"白肚"，是指它的脐腹甲壳颜色洁白晶莹，没有任何斑点。

所谓"黄毛"，是指蟹腿上的毛呈金黄色，根根挺拔。

所谓"金爪"，是指蟹足金黄，坚实有力，即使放在玻璃上也能八足挺立，双螯腾空，脐背隆起，显得威风凛凛。

来到我们阳澄湖，不吃这样的美味佳肴那可是一件让人后悔的事哦，欢迎大家来我家乡作客。

（此文获"记忆中的相城"征文比赛小学组优秀奖）

我们爱你啊，相城

澄阳小学六（2）班　刘文卉

当我还是个嗷嗷待哺的婴儿时，

相城便是我记忆中的家乡；

当我踏上求学之路时，

相城就是我心中美丽的家园。

啊，我们爱你，相城！

我们爱你——

荷塘月色的心旷神怡，

湿地公园的繁花似锦，

莲花岛的湖光山色，

植物园的乡野气息。

我们爱你——

五色汤圆的江南风味，

卤汁豆干的色香味美，

芝麻酥糖的甜美纯正，

阳澄湖大闸蟹的鲜美。

我们爱你——

笔耕不辍的冯梦龙，

潜心诗学的沈德潜，

勤奋练功的马如飞，

聪颖好学的宋克。

流在心里的情，

澎湃着相城的声音，

就算身在他乡也改变不了，

我的相城心！

我们骄傲，我们自豪，

我们奋发，我们开拓，

因为我们拥有一个美丽的家园。

我们爱你啊，相城！

（此文获"记忆中的相城"征文比赛小学组优秀奖）

悠悠相城情

黄桥实验小学分校六（2）班　方静

相城，是一片有着浓郁的文化传承，有着丰富的历史内涵的美好神奇的土地。

行走在相城这片古老宁静又阳光普照、欣欣向荣的土地上是一件快乐的事。它不是乐器，却弹奏出延续了千百年而仍然生机勃勃的音乐之声；它不是一座博物馆，却行行玑珠，页页有宝。

相城的文化、相城的历史是广泛散落在民间的，是牢牢地烙在我们心灵深处的，它浸润在每一处历史遗迹中，它渗透在每一个村庄的生活习俗中，它甚至完全地流淌在每一个相城人的血液里。

相城是我的第二故乡：一幢古老的建筑、一座古老的桥、一段古老的石板路、一棵古树……都曾在我的梦境里出现，给我留下了美好的记忆。这凝固了历史，也积累了人们的智慧。承载着对未来的梦想，凝神谛听，仿佛听得见从很远的时空传来的声音：人声、风声、雨声……

听爸爸说相城最先只有水，故称"泽国"，当流水把路飞开，于是桥又把岸与岸挽在了一起；这里最先是人家枕河，当改革开放的脚步走来，于是小桥流水被安放进了现代化的画框里；这里是鱼米之乡，是诗画江南，是心灵的故乡。

　　我想：阳澄湖是个耳熟能详的名字，谁叫阳澄湖是相城的母亲湖呢？
真是一掬阳澄水，流芳自古今。相城真是个郁郁文风、彬彬文士、人文荟
萃的锦绣福地啊。

　　因此，我非常想去相城，所以，我从小就被爸爸妈妈带到了相城。

　　我们选择了在荷塘月色湿地公园附近住了下来，爱玩的我怎会放过这
样一个好机会呢？于是，一到夏天，我就缠着爸爸妈妈带我去荷塘月色湿
地公园玩。

　　夏日看荷花最好，"接天莲叶无穷碧，映日荷花别样红"。听说，这
片荷塘已引种荷花、睡莲三百多个品种，总面积达两千五百余亩。

　　每次走在园内的观光栈道上，总有沁人心脾的荷香，翩翩起舞的荷花
让人沉醉。我一走累，就会步入莲香品茗馆，泡上一杯清热解暑的荷叶茶，
倚栏远眺。我们一家还泛舟在荷塘里，随一叶扁舟进入荷塘深处，睡在舟
上，船娘唱起悠扬的歌。每年的农历六月二十四日是荷花的生日，这里还
会举办荷花节等特色活动。

　　相城，自古是名人流连忘返之地。有的在阳澄湖畔长大，走上了历史
的大舞台；有的在壮途巅峰急流勇退，寄情湖光水色，留下了许许多多为
世人称道的作品；还有的再次归隐终老，把相城作为人声的最后一站。

　　孙武，就终老在这里。为了纪念孙武，让千古"兵圣"有个"安息之
地"，相城区已扩建了孙武文化公园。

　　爸爸告诉我："公元515年，大臣伍子胥把孙武推荐给了吴王阖闾，
为了考验孙武的才干，吴王把一百八十名宫女让他操练，可宫女们根本不
听他的口令操练，大笑不止，孙武就要将两名妃子队长斩首。吴王听说了，

立即派人传话给孙武，让他不要斩了两名妃子，孙武却以'将在外，君命有所不受'为由斩杀了两名妃子，继续操练，这次宫女们很快训练得进退有序，阵形严整。"我似懂非懂地点了点头，心里想：孙武竟然不怕吴王怪罪，杀了她们。他真勇敢，我要向他学习！

我不仅去过荷塘月色湿地公园，去过孙武墓，还去过北桥古戏台。

"北桥古戏台可真有名，真好玩呀！"在回来的路上，我赞叹道。北桥古戏台是苏州古城北仅存的一座古戏台呢！整座建筑繁华俊逸，飞檐翘角、雕梁画栋，庄重中带点秀逸。古戏台正对面是一座城隍庙，也称作"城隍庙北戏台"。

"三日绕梁吴歈惊月殿，七弦流水翠袖舞人间"，这是北桥古戏台两侧的联语，如今，修复后的古戏台承载着历史的使命，在这个"戏曲之乡"古韵四溢。

相城，是一座美丽、古老而神秘的城市。游孙武墓时，爸爸给我讲了《孙武斩两妃》的故事，成为了我最深刻的印象；游荷塘月色湿地公园时，让我身临入境，成为一个天真、善良、活泼、可爱的孩子；游北桥古戏台时，戏曲又是那么地好听。这里的种种历史遗迹是那么地刻骨铭心，那么地令人震撼！这是我美好的回忆。

指导老师：章丽静

（此文获"记忆中的相城"征文比赛小学组优秀奖）

后 记

我们相信，一座城是有记忆的，相城如是。

任凭岁月更迭，烟云事散，总有些人身处繁华，却依旧忘不了寻觅老旧的光阴。推开韶光虚掩的重门，那些封存在记忆中的人情旧物，好似已经不见了，或者被遗忘了。然而并没有，有一天重读，如翻阅历久弥醇的往事，一种熟悉的温暖抵达心房，一切仿如初见，抖落一地的感动。

我们是最平凡的档案人，守护记忆一直是亘古不变的使命。于是便有了"记忆中的相城"这样一次全区性的征文活动。不曾想到，参与面如此之广，有新相城人，更有老相城人，或是到相城落户二十多年的老的新相城人；有老师，有学生，有机关干部，有退休老同志……活动截止，竟有六百六十五篇文字参与。经评委、老师认真慎密的初审、复审，共有四十八人获奖。记忆中的黄埭味道、飘香的海棠糕……挑逗着我们的味蕾；北街的往事、太平的牛场、古朴的老街……穿过光阴阡陌，在心灵深处烙上深刻的印迹；童年中的欢声笑语、乡村的气息、泥巴、蟋蟀、湖、夏夜……那么多的意象扑面而来。正如《北街往事》中写到："无论岁月如何老去，它们依旧应该矗立在我们生命里的某个角落，成为一种伟岸的风景。"

于是，经过精选、整理、编辑，成就了这本《最忆相城》，我们用这种最质朴的方式共同守护这座城或沧桑或辉煌或深沉或繁华的记忆，同时带着这些饱满生动的记忆，激励世人，不忘初心，一路前行。

从征文活动到《最忆相城》的出版过程中，得到了来自各方的关心和支持。在这里，我们要感谢荆歌认真阅读书稿，并亲自拨冗作序；感谢全体参与的作者，用自己温暖的情怀抒写对相城的热爱；感谢沈慧瑛、孙月霞、杨明华和王芳、尹环、朱琼芳、陈雁、林彬蔚、盛文学等评委、老师的辛勤阅稿；感谢相城区教育局的大力支持和积极配合；感谢文汇出版社的老师精心排版和策划，使此书得以顺利出版。

谨以此书献给我们最可爱的家乡——相城。

谨以此书献给热爱家乡，热爱生活的人们！

苏州市相城区档案局（馆）

2014 年 7 月 18 日

图书在版编目（CIP）数据

最忆相城／苏州市相城区档案局（馆）主编．—上
海：文汇出版社，2014.9
ISBN 978-7-5496-1272-7

Ⅰ．①最… Ⅱ．①苏… Ⅲ．①区（城市）—文化
史—苏州市 Ⅳ．①K295.33

中国版本图书馆CIP数据核字（2014）第206767号

最忆相城

主　　编／苏州市相城区档案局（馆）
责任编辑／吴　斐
装帧设计／刘　啸

出版发行／**文匯**出版社
　　　　　　上海市威海路755号
　　　　　　（邮政编码200041）
印刷装订／苏州华美教育印刷有限公司
版　　次／2014年9月第1版
印　　次／2014年9月第1次印刷
开　　本／787×1092　1/16
印　　张／9.25
字　　数／100千

ISBN 978-7-5496-1272-7
定　　价／39.00元